estado

nascença

ciência

corpo cruzado

é vingança

...hão que passou. Bat...
...abeça. Aqui...
...no, não me lembro de

Буатость

No Colégio Marista (Salvador, 1960).

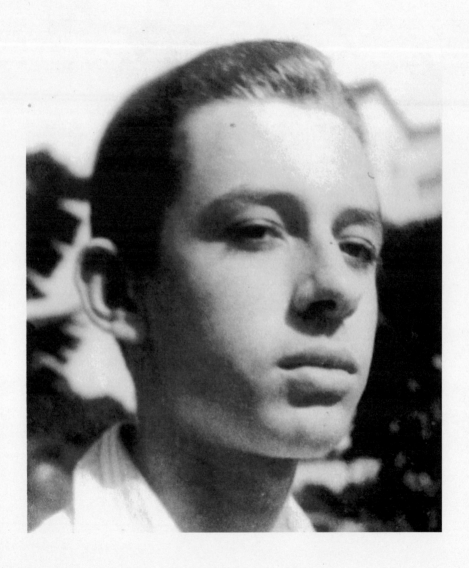
Em Salvador (anos 1960).

Com Caetano Veloso e José Carlos Capinam (Rio de Janeiro, 1966).

Com Chico Buarque (Rio de Janeiro, anos 1960).

Com Jards Macalé (Rio de Janeiro, anos 1960).

Com Ana Duarte, à direita (Paris, início dos anos 1970).

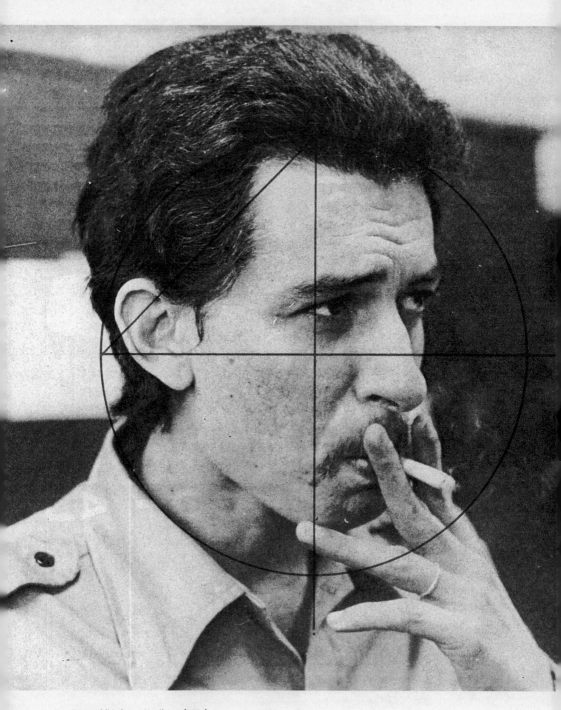

Foto publicada em *Navilouca* (1974)

Em Teresina (1971).

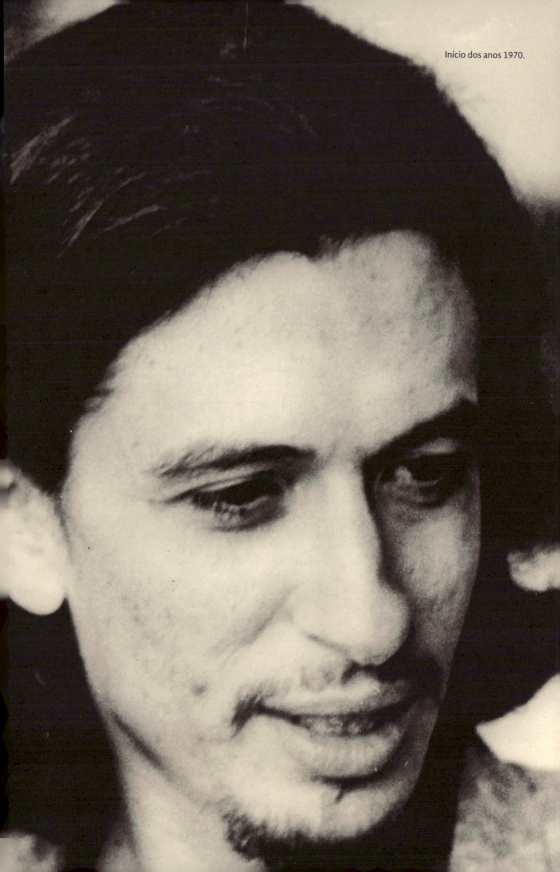

Início dos anos 1970.

TORQUATO NETO
ESSENCIAL

ORGANIZAÇÃO
Italo Moriconi

1ª edição
1ª reimpressão

autêntica

*Um poeta desfolha a bandeira
e a manhã tropical se inicia*

18 *Apresentação:* **medula e osso**
   Italo Moriconi

35 **poesia, canção**

101 **conversação**
102 música popular (coluna do *jornal dos sports*)
122 1967: torquato conta os festivais
138 1968: tropicalismo

143 **cinepoesia**

165 **geleia geral (coluna da *última hora*)**

191 **nosferato & navilouca**
192 duas cartas a hélio oiticica

203 **escrita de si**
204 esparsos
221 1970: diário da internação
232 carta a almir muniz

esta edição

Os escritos de Torquato Neto provêm de diferentes fontes – jornais da grande imprensa e da imprensa alternativa, cadernos pessoais, datiloscritos e manuscritos vários. Padronizá-los graficamente seria mutilá-los enquanto documento e enquanto obra. A experimentação gráfica era uma parte integrante de seu gesto criador. Datação, uso idiossincrático de marcadores, uso indiscriminado de maiúsculas e minúsculas, abreviações fora do comum, mistura de termos estrangeiros: ao fim e ao cabo, seus desvios da norma tinham desígnio poético e estavam antenados com o espírito da época. A presente edição mantém-se fiel a essa diversidade, buscando conservar no texto o calor de sua hora. Foi adotada, por exemplo, a grafia "Nosferato", que era a utilizada por Torquato.

Na edição, como poemas literários, das letras de canções escritas por Torquato, a definição da variante principal permanece em aberto. Para o presente volume, foram adotadas as formas consagradas pelas edições impressas anteriores, devidamente revisadas. Porém, nos casos de "Ai de mim, Copacabana", "Todo dia é dia D" e "Três da madrugada", optou-se por publicar a forma datiloscrita, usando como fonte o site do Acervo Torquato Neto (www.torquatoneto.com.br). A consulta às formas datiloscritas serviu também de base para algumas retificações pontuais nas formas consagradas, lembrando que estas, por sua vez, possuem variantes, em função de diferentes gravações da mesma canção. A zona de distinção/indistinção entre versões consagradas e datiloscritas certamente suscita interessantes questões de prosódia do poema e da canção em português brasileiro.

APRESENTAÇÃO
medula e osso

Italo Moriconi

apenas a matéria vida era tão fina
Caetano Veloso, "Cajuína"

essencial

A seleção de textos de Torquato Neto aqui apresentada busca um olhar mais interessado na poesia que no mito. Estrategicamente, num primeiro momento, esse olhar tentará colocar entre parênteses o imaginário do poeta romântico morto precocemente e se deixará guiar pelo simples contato curioso e prazeroso com a superfície das palavras, frases, versos. Ler com olhos livres para perceber as recorrências de sentidos e efeitos. Curtir a pura poesia. Mas a poética não é inocente. Quem sabe uma nova história possa ser vislumbrada a partir da visitação/revisitação poética do mito? A aventura de Torquato foi uma aventura de vidaobra. O mito é o real.

A meta é oferecer uma amostra do "essencial" na obra de Torquato Neto, pensando particularmente na nova geração de leitores. Extrair o essencial de um legado textual relativamente reduzido, totalmente disperso e fragmentário, apenas postumamente reunido em livro. O texto como a vida. Assim tão curta, inacabada, encerrada por vontade própria no dia de seu 28º aniversário. Foram sete anos entre a época da explosão de seus grandes sucessos como letrista da MPB e do Tropicalismo (entre 1966 e 1968) e a data fatídica em que optou por ligar o gás, em novembro de 1972. Torquato não se deu tempo para preparar, assinar e lançar um livro.

Nos dias que ele quis que fossem os últimos, passou mesmo a destruir e queimar seus próprios textos, alguns resgatados da lixeira pela mulher, Ana Duarte. Vontade de eliminar sua identidade: sua condição, sua veleidade de poeta. Era o cancelamento de si. O avesso de si. Mas o que havia de poeta por trás do letrista? Não sendo sinônimas as expressões "poema literário" e "letra de canção", o que faz com que um letrista seja ou possa ser legitimamente chamado também de poeta escritor, pelo menos dentro de um certo vocabulário ou ordenamento dos saberes? Podemos depreender em Torquato a noção de que a poesia tem compromisso irredutível, inegociável, com a escrita, a palavra grafada. A poesia escrita é matriz: é "a mãe das artes", inscreve ele. É o núcleo de uma verdade vital primeira. É medula e osso, gelete* na geleia das artes. Pragmaticamente, ela foi a habilidade, o talento, que permitiu ao poeta algum ganha-pão, nas peles de letrista maior e intenso publicista agitador, além dos bicos variados, na divulgação de discos e em trabalhos para a televisão.

Torquato dominava a prosódia poética do português brasileiro como poucos, num tempo de bambas nessa área. Sua destreza no manejo dos ritmos do verso, da linha, da frase, se mostra em tudo que escreve. Exímio versejador nas letras de canções, exímio experimentador nos escritos. Sua poética vai da fome de forma à fome de desformação. Forma: afinação, harmonia, celebração, como em "Louvação" (p. 84). Desforma: desafinar o coro dos contentes (um verso tirado de Sousândrade), desafiar o estabelecido, transgredir o convencionado. Como letrista – quem não sabe? – Torquato foi protagonista do Tropicalismo, movimento revolucionário, agora cinquentenário, que introduziu o pop na música popular brasileira e a música pop-popular nos manuais de literatura, do abc introdutório ao ensaio de alto nível. As letras de Torquato estão no DNA sonoro e poético do brasileiro, são constitutivas de memória afetiva individual e coletiva. Estão na linha evolutiva (me apropriando aqui da expressão de Caetano Veloso) tanto da canção quanto da literatura no Brasil. Essencial.

Na pele de publicista agitador, além de ter sido interlocutor ativo dos grupos e redes que fizeram o momento tropicalista, foi

---

* Expressão criada por Hélio Oiticica em *Navilouca*.

depois, nos anos 1971-1972, propagandista das coisas novas que persistiam em acontecer em cultura no período de maior endurecimento da ditadura militar. Sua coluna "geleia geral" na *Última Hora*, tornou-se um brado de vida em meio ao marasmo e baixo-astral trazidos pela brutal repressão e censura das artes e cultura. Não à toa, a figura, clássica na poesia brasileira, do anjo visitador do poeta nascituro, inaugurada como "torto" por Drummond, na leitura de Torquato já apareceu como "muito louco". O tempo de Torquato foi o tempo muito louco de ditadura e contracultura, polícia e desbunde, presídio e hospício.

Poeta da canção, poeta de livro. A expressão "poeta de livro" é de Waly Salomão, amigo e parceiro literário. Um par essencial. A pedra de toque do poeta nascituro Waly Salomão (Sailormoon na época) foi seu livro em *proesia*, *Me segura qu'eu vou dar um troço*, um relato literário de sua passagem pelo presídio do Carandiru. A pedra de toque do poeta em progresso Torquato Neto é o diário em que registra sua passagem pelo Hospital Psiquiátrico de Engenho de Dentro, hoje Instituto Municipal Nise da Silveira (ver, neste volume, o "diário da internação", p. 221). São dois testemunhos importantes e complementares dos tempos de loucura e desbunde. Presídio e hospício. No diário de Torquato, temos o documento sucinto (medula e osso) de sua luta contra o impulso autodestrutivo, contra a força que o arrastava à busca do avesso. Sua luta para colocar a cabeça no lugar e purgar os excessos lisérgicos e alcoólicos.

história do livro

O único livro de Torquato, póstumo, involuntário, foi organizado pela viúva Ana e por Waly. Intitulado *Os últimos dias de Paupéria*, foi lançado em 1973, menos de um ano depois da morte do poeta. Com ele nascia o Torquato Neto poeta de livro. Em 1982, saiu uma segunda edição, ampliada, trazendo compilação bem mais extensa da atividade jornalística de Torquato. Entre memória do cancioneiro, esboço de uma literatura e testemunho de um momento do jornalismo brasileiro, o mito Torquato ganharia consistência com a paulatina construção de uma assinatura autenticada pelo escrito impresso, compartilhada com o compilador póstumo.

Depois das duas edições de *Paupéria*, hoje raridades bibliográficas, clássicos da literatura *cult* brasileira nos anos 1970 e 1980, o terceiro lance na história editorial da marca Torquato foi *Torquatália*, compilação que se propôs o mais exaustiva possível da obra, organizada pelo editor Paulo Roberto Pires em dois volumes. Resultado de respeitável esforço de pesquisa, *Torquatália* ampliou o *corpus* conhecido da obra de Torquato, inclusive no campo das letras de canções. Trouxe também uma mudança de registro. Ao reorganizar o material em novo ordenamento dos textos, redistribuídos em categorias por gêneros textuais, deixava claro o caráter construído por terceiros da assinatura Torquato Neto, abrindo caminho para futuras apropriações da obra que obedecessem a critérios diferentes daqueles empregados em *Paupéria*. Liberdade de que me apoderei para compor o presente volume.

Atualmente, o pesquisador encontra uma crescente fortuna crítica sobre o poeta, com inúmeros artigos, dissertações, teses e livros a seu respeito publicados no circuito acadêmico, não só no país, mas também fora. A narrativa do mito e a valoração de seu legado se espalham por uma infinidade de sítios na internet e alguns registros televisivos marcantes. O significado e o alcance da marca de Torquato vão além do núcleo heroico dos companheiros de geração. Nesse universo, permanecem como referências imprescindíveis os depoimentos póstumos de Décio Pignatari (autor da expressão "geleia geral"), Augusto de Campos, Haroldo de Campos, Waly Salomão, Antonio Risério, Paulo Leminski, Gilberto Gil, Caetano Veloso. A maior parte da fortuna crítica aborda Torquato no quadro de estudos sobre o Tropicalismo, pós-Tropicalismo, contracultura. Em 2005, foi lançada por Toninho Vaz, *Pra mim chega: a biografia de Torquato Neto* (Ed. Casa Amarela), pesquisa meticulosa e texto apaixonado. Também o aparato de notas, explicações e a cronologia preparada por Paulo Roberto Pires em *Torquatália* consolidam a razoável densidade de informação que se tem sobre quem foi Torquato em vida.

***

> *Meu coração de menino*
> *Bate forte como um sino*
> Torquato Neto, "A rua"

Na história póstuma do poeta, cabe mencionar o movimento de volta à terra natal, simbolizado pela entrega de seu acervo à família, no Piauí. O acervo encontra-se sob a guarda do primo George Mendes, que juntamente com amigos e colaboradores organizou dois volumes póstumos reunindo poemas de Torquato Neto. Um deles, *Juvenílias*, reunião de poemas escritos nos tempos de adolescência e pós-adolescência, entre Teresina, Salvador e Rio de Janeiro. O outro livro, também de poemas, dotado de bastante organicidade, intitulado *O fato e a coisa** pelo próprio Torquato, escrito também muito cedo, antes do sucesso nacional como letrista, por ele preservado e mantido na íntegra até o ano de sua morte.

Na presente coletânea, os poemas hoje constantes desses livros serão facilmente reconhecidos por suas datas, anteriores a 1965. Ambos os livros evidenciam o caráter genuíno e a qualidade do poeta precoce, ainda não muito louco, mas já torto, como Drummond, que é um de seus modelos. Exercitando uma linguagem entre o lírico e o reflexionante, o poeta em formação Torquato abebera-se nas grandes fontes do modernismo poético e do pensamento cultural nacional-popular dos Centros Populares de Cultura da UNE do início dos anos 1960, assim como se inspira, sem dúvida, também na obra do conterrâneo Mário Faustino, que viria a ser o poeta recitado

---

* Livros publicados em 2012 pela Editora UPJ, de Teresina.

no filme *Terra em transe*, de Glauber Rocha. Junto com as vertentes da canção brasileira, recuperadas e retrabalhadas pela MPB pós-Bossa Nova do grupo baiano e de compositores como Edu Lobo e Geraldo Vandré, essas são as fontes que alimentarão toda a fase inicial do letrista Torquato (1965-1967), até a ruptura representada pelo Tropicalismo (1968), marcada pela adesão à poética de Oswald de Andrade e pelos encontros com o grupo concretista de São Paulo e com Hélio Oiticica.

Do modernismo de Drummond e Vinicius ao modernismo primal de Oswald. Do engajamento nacional-popular, entre nostálgico e utópico, com tintas regionalistas, ao vanguardismo concretista de ruptura e choque, e daí à marginália de transgressão e "invenção do perigo": a trajetória de Torquato esteve no olho do furacão e encarnou as sucessivas e velozes metamorfoses sofridas por toda uma geração cultural durante um período vertiginoso.

É certamente inegável seu fascínio cosmopolita pelo furacão da vida nos grandes centros, a começar por Salvador e Rio de Janeiro desde a adolescência, assim como sua obsessão, pelos idos de 1971-1972, em arrumar dinheiro para ir para Nova York, juntar-se a Hélio Oiticica e mergulhar de cabeça, junto com outros brasileiros muito loucos, nas vivências e informações do vanguardismo *underground* de Babylon. Sua sensibilidade era mais da antena que da raiz, como documenta "Mamãe, coragem". Numa obra poética que a todo momento tematiza o fim, surge esse poema-canção, que diz: "[...] cidade que eu plantei pra mim/ E que não tem mais fim/ Não tem mais fim/ Não tem mais fim" (p. 55-56). E em "Três da madrugada": "Toda palavra calada/ Nesta rua da cidade/ Que não tem mais fim/ Que não tem mais fim..." (p. 58) O sem-fim da cidade, o fim já contido no início: temas recorrentes.

O fato é que Torquato nunca rompeu completamente a ligação com sua *tristeresina*. A raiz estava lá. Estavam lá os laços pessoais com as figuras criativas e antenadas da geração mais nova de sua cidade, que ele agitou para fazer um filme artesanal em superoito (*Terror da vermelha*) e que o mobilizou para fazer um jornal alternativo de número único na província (*Gramma*). Raiz-antena, raiz antenada. Bonito documento poético desse apego à província natal, contraface do sonho-vivência elétrica da metrópole, é o poema "vir/ver/ou/vir" (p. 78), na verdade uma espécie de argumento e roteiro poetizado do filme *Terror da vermelha*. Em *Navilouca*, a revista de vanguarda contracultural que montava com Waly Salomão quando morreu (que veio a ser publicada em 1974), Torquato publica uma versão gráfica pós-tropicalista, pós-concretista, do mote "vir/ver/ou/vir" (ver p. 200-201). O texto poético é texto matriz do filme e do poema gráfico. A projeção na tela envolve um elemento performático, já que Torquato é diretor e ator em *Terror da vermelha*. Vida e obra se fundem no filme e no poema, este um híbrido de rascunho de roteiro e de página autobiográfica.

a seleção

Além da liberdade no ordenamento dos textos, predomina aqui, um pouco como em *Os últimos dias de Paupéria*, o conceito de uma textualidade torquatiana desdobrada página após página, criando uma série significativa, para ser lida como uma espécie de texto único, poema único, trabalho de vidaobra em processo, um *work in progress*, híbrido de poesia, prosa e *proesia* – recuperando aqui o termo de Haroldo de Campos que julgo adequado para descrever um conjunto diverso de textualidades experimentais praticadas por vanguardas literárias de variados matizes, épocas e contextos. Essa textualidade predomina em *Navilouca*. Na obra de Torquato, ela se faz presente não apenas na escrita íntima dos "cadernos" e do "diário da internação" (ver a seção "escrita de si", p. 203), mas também em textos relacionados a cinema (ver a seção "cinepoesia" p. 145) e nas últimas colunas escritas para sua coluna "geleia geral", no jornal *Última Hora* (ver seção "geleia geral", p. 165). Estas radicalizam o estilo telegráfico da prosa de Oswald de Andrade.

A seção "poesia, canção", que abre o volume, pretende ser uma espécie de livro de poesia – o "livro de poesia de Torquato".

O ordenamento dos poemas não segue uma ordem cronológica. A sequência foi pensada como parte da composição deste livro. Autoria compartilhada do antologista curador. Fabrico meu (nosso) Torquato Neto. A cronologia entra de maneira não linear, para criar efeitos de semelhança ou de contraste entre poemas de momentos diferentes.

Não se faz distinção entre o que foi originalmente poema na página e o que foi letra de música. Propõe-se que a prova dos nove do valor da poesia de livro é o poema sobre a página, à espera da leitura silenciosa ou em voz alta. Cabe, portanto, ao leitor e à leitora decidirem se a letra de música se sustenta como poema literário. Vale talvez aplicar o método de leitura mencionado no início: ler a letra sem lembrar da melodia, dar-lhe, quem sabe, novos usos, na esfera da oralização. Ou musicar versos ainda não musicados, como fizeram Os Titãs com "Go back" (p. 93). Nada se perde. Ao contrário do que ocorreu com as melodias das canções medievais que inauguraram a história da poesia literária em língua portuguesa, não há risco de se perderem os registros sonoros da MPB e do Tropicalismo, graças às tecnologias de gravação e, agora, de armazenamento e distribuição digital.

A operação poética de Torquato tem como característica central a combinatória de elementos, tantos os que busca fora, quanto os que faz circular entre seus próprios textos. O "desafinar o coro dos contentes", de Sousândrade, a "alegria como prova dos nove", de Oswald de Andrade, o "minha terra tem palmeiras", de Gonçalves Dias, a brisa do Brasil que "beija e balança", de Castro Alves, os hinos nacional e da bandeira, o "anjo torto" de Drummond que vira "anjo muito louco", são todos apropriados e sobrescritos pela assinatura de Torquato.

Esse procedimento já estava presente desde sempre em sua produção, mas intensificou-se com o Tropicalismo, que adotou a prática da apropriação poética como justaposição de elementos híbridos. Destacam-se aí os poemas-canções que são verdadeiros manifestos tropicalistas: "Geleia Geral", "Marginália II". Leia-se, ouça-se, em "Marginália II": "Minha terra tem palmeiras/ Onde sopra o vento forte/ Da fome do medo [...]/ Da morte". Mais à frente: "A bomba explode lá fora/ E agora, o que vou temer?/ Yes: nós temos banana/ Até pra dar,/ E vender". A brisa nordestina vira vento devastador, lembrando observação de Tárik de Souza, sobre a presença da metáfora do "vento" na expressão poética de Torquato. E nessas bananas para vender, não conseguimos deixar de pressentir o fantasma de Gregório de Matos Guerra, que depois Caetano recolocará em circulação na canção "Triste Bahia".

A justaposição tropicalista criava a imagem alegórica de uma brasilidade desencontrada, o que motivou forte polêmica entre algumas das melhores cabeças pensantes de nossa crítica literária e cultural entre os anos 1960 e 1970, colocando em lados opostos um Roberto Schwarz, que viu nessa estética um traço conservador, e, no outro campo, os concretistas, adeptos de primeira hora, assim como, na vertente universitária carioca, as visões de críticos como Heloísa Buarque de Hollanda e Silviano Santiago, que endossaram a contracultura e a poesia marginal, desdobramentos, nos anos 1970, da explosão tropicalista.

Assim, na poesia de Torquato, harmonias trazidas pela nostalgia de um idílico nordestino são substituídas pelas arestas dos contrastes, o tom intimista de poemas-canções como "Pra dizer adeus" é substituído pela amplitude do discurso público, ao som das dissonâncias e andamentos eloquentes dos arranjos geniais de Rogério Duprat. O poeta desfolha a bandeira. E sua poética se abre em flor. Abre-se em flor para dentro de si própria, fazendo com que tudo que Torquato escreva a partir daí se articule e se remeta, em autêntica bricolagem estética, como dela disse Antonio Risério.

É nesse sentido que se pode dizer que existe uma textualidade torquatiana, envolvendo verso, frase, prosa jornalística, escrita íntima, em modo de jogo combinatório. A obra de Torquato é como um imã que busca apreender poeticamente as contradições do real sem a pretensão onipotente de resolvê-las, tudoaquiagoraaomesmotempo. À medida que avançam os anos de chumbo, o desalento predomina sobre a esperança dos primeiros tempos, mas é sempre um desalento ativo, provocativo, como se pode ler nas cartas a Hélio Oiticica e a Almir Muniz, e na seção "geleia geral". Por ser uma apreensão poética, e por estar sempre atenta ao avesso das coisas e de si, os paradoxos e oposições percorrem seus textos. Um termo forte acaba sempre levando a seu oposto: vício e virtude, a poesia como mãe e como pai, o fim e o início, o dentro e o fora. Convívio conflitivo das palavras, coisas, pessoas.

***

A seleção de escrita jornalística de Torquato Neto está distribuída entre as seções "conversação" (p. 101), "cinepoesia" (p. 143) e "geleia geral" (p. 165). É a poesia da interlocução, da conversa, Torquato falando/escrevendo a língua que era a dele: a língua dos jovens e nem tão jovens desbundados dos anos 1970. Torquato pegou o comecinho do desbunde, insuflou ou foi insuflado pelo surto coletivo de loucura de toda uma geração criadora. Loucura era desbunde. Desbunde era a perda de controle na entrega às experimentações corporais e às viagens lisérgicas. A navilouca eufórica atravessando a escuridão de um tempo sombrio. Muitos se perderam, caindo na loucura real. Outros se suicidaram. E havia os presos, os exilados, os torturados.

Num tempo anterior ao do desbunde e da loucura, Torquato manteve no antigo *Jornal dos Sports* a coluna "Música Popular" (ver p. 102), que saiu de março a setembro de 1967. Era o auge da MPB, apogeu dos festivais, véspera da virada tropicalista. Destaquei as colunas sobre os festivais de música (ver a subseção "1967: torquato conta os festivais", p. 122), tentando dar uma ideia ao leitor e leitora atuais, graças à vivacidade da linguagem de jornal, do impacto desses festivais, que mobilizavam de maneira passional os corações e mentes do país todo através das transmissões pela TV e pelo rádio. Foi no decorrer da intensa movimentação dos festivais que o Tropicalismo aconteceu como fenômeno de massa, como o movimento organizado do novo que havia no ar.

Os debates em aberto sobre música popular estavam intimamente ligados aos debates políticos da esquerda contra a direita e das facções de esquerda entre si. Até passeata contra a guitarra elétrica aconteceu, na disputa entre samba, rock e iê-iê-iê. Era um sopro de participação democrática na esfera do entretenimento, patrocinado pela grande mídia nascente e que serviu de combustível para as manifestações e passeatas do ano seguinte. Havia uma ligação íntima entre o debate cultural musical e o movimento estudantil. Tudo acabou abruptamente, em dezembro de 1968, com o endurecimento da ditadura militar através do tristemente histórico Ato Institucional n.º 5. Seguindo por conta própria os passos de Caetano e Gil, exilados na Europa, Torquato passou aproximadamente um ano em Londres e Paris, em 1969. Em Londres, manteve algum contato com o círculo de Yoko Ono e John Lennon, além do célebre encontro que teve com Jimi Hendrix.

A coluna "geleia geral" foi publicada de agosto de 1971 a março de 1972, no oco do oco dos "anos de chumbo": Caetano e Gil no exílio em Londres, mas, no Rio, a explosão do show Gal Fa-tal, que Torquato frequentou diariamente. A trilha sonora do desbunde, sua performance, talvez já buscasse ali a energia de que precisava para prosseguir. Mais ampla que a coluna de quatro anos antes, "geleia geral" ia além das notícias sobre música e buscava divulgar o que havia de inovador, alternativo, na cena cultural, ainda atenta, porém, às movimentações do mercado. O lado avesso e o direito da revolução em curso. O Torquato que a escreve é bem diferente do Torquato da coluna "Música Popular".

Quatro anos antes, ele era estrela do firmamento tropicalista. O novo Torquato da coluna "geleia geral" está afastado da "família" tropicalista, por desavenças não muito bem esclarecidas pelos relatos biográficos. Embora ainda envolvido com música em vários sentidos (é a época em que descobre Luiz Melodia), está agora mais focado em cinema e também literatura – esta na forma de literatura marginal, tal como traduzida na experiência única de *Navilouca*. Há uma cadeia de acontecimentos que liga o cinema marginal, a literatura marginal da *Navilouca* e a poesia marginal dos anos 1970. Lá está, nas páginas de *Navilouca*, o nascituro poeta Chacal, preparando o salto para as artimanhas da Nuvem Cigana. Lemos Torquato: "A poesia é o pai das ar-/ timanhas de sempre [...]/ do lado de cá, no lar/ das coisas malditíssimas [...]" (p. 50). O poeta se quer definitivamente maldito.

***

A seção "cinepoesia" (p. 143) reúne textos de origens diversas, relacionados à virada de Torquato Neto para o cinema. Desde que voltou da viagem à Europa, em fins de 1969, Torquato Neto abraçou a causa da crítica virulenta ao pessoal do Cinema Novo e ao próprio Glauber Rocha, por julgá-los num caminho de institucionalização, obediente aos ditames da política cultural do regime militar, que investia na criação de um circuitão comercial nacional, financiado pelo Estado (Embrafilme). O filme histórico era a pedra de toque dessa proposta, detestado por Torquato, que com isso tornou-se um dos arautos do cinema marginal, na teoria e na prática. Esse interesse se articulava ao entusiasmo com o filme em superoito, que Torquato encarava como a possibilidade de uma tomada de poder sobre o cinema por qualquer pessoa, como que prenunciando o mundo de hoje, em que cada *smartphone* é uma câmera na mão.

De maneira pós-tropicalista e contracultural, o cinema marginal nutria-se das informações de Godard e do *underground* nova-iorquino (que virou "udigrudi tupiniquim") e as combinava ou superpunha com uma informação estética valorizadora das tradições mais populares do cinema brasileiro – a chanchada e, naquele momento, as criações de José Mojica Marins e seu personagem Zé do Caixão. Um cinema "sujo", em contraste com o *glamour* coloridíssimo do cinemão industrial. No lugar do pop, o trash. No lugar do trash, o terceiro mundo. No lugar do terceiro mundo, a paródia. O avesso do avesso do avesso.

É bem conhecida a participação de Torquato como o vampiro de *Nosferato no Brasil*, dirigido por Ivan Cardoso, um dos mais *cult* dos filmes *cult* do chamado udigrudi. Além de Ivan, citem-se os nomes de Rogerio Sganzerla, Júlio Bressane, Neville d'Almeida. Torquato atuou ainda como ator no inacabado *A múmia volta a atacar*, do mesmo Ivan Cardoso, e em *Helô e Dirce*, dirigido por Luiz Otávio Pimentel (hoje falecido), uma nada sutil projeção metafórico-performática das imaginárias andanças exploratórias de Torquato e Waly pelo "*dark side*" dos "*dark rooms*", apropriando-se antropofagicamente de uma dinâmica de imagens evocadora do legendário *cult Flaming Creatures*, de Jack Smith, da cena *underground* nova-iorquina dos anos 1960.

fim. a que será que se destina.

Essas experiências em superoito ocorreram todas no curto espaço de tempo do último ano de vida de Torquato, junto com a produção de *Navilouca*, as derradeiras e telegraficamente desconstrutivas colunas na *Última Hora*, assim como o período de alguns meses em Teresina, onde fez filme, jornal e se internou na clínica Meduna para desintoxicação. Os textos e imagens que produziu nesse momento constituem um conjunto poético, um conjunto de poética em transe. Se como criador Torquato, desde o início, praticou a estética pós-moderna da apropriação dos versos e ecos que lhe eram dados pela cultura, a literária e a popular, nesse momento vertiginoso concentra-se em performar cada hora do fim. Vidaobra.

Os filmes mostram a contraface parodística, vampiresca, agreste, da exuberância eufórica dos verões desbundados da praia do píer em Ipanema (também chamada de "Dunas da Gal") e do carnaval da Bahia, celebrados na coluna do jornal. Era o que havia de cacto na malemolência. *Helô e Dirce* traz uma cena de castração em meio ao imaginário carnavalizado. *Eros = thanatos*. Rir-se da própria morte. O vampiro, a múmia, são mortos-vivos misóginos, são as figuras que obcecam Torquato nesse período. Seu vampiro (em *Nosferato*) e seu *serial killer* (em *O terror*) percorrem como autômatos cidades sem fim. Ele vive e encena a experiência liminar do morto-vivo. É como se o cinema o desencarnasse. No bilhete de despedida, escreve: "sou uma grande múmia que só pensa em múmias mesmo vivas e lindas".

Creio que ansiedade e pressa, mais que tristeza ou depressão, foram os fatores decisivos no levantar a âncora para o mergulho no abismo. Como no poema "Le voyage", de Baudelaire, o fim da viagem é o desejo de viagem para a morte: buscar algo novo no desconhecido. Para quem fica, é um dispêndio, amigo Torquato. Por sorte, fica o mito, nutrindo o solo da memória, da história. Podemos desfolhar, vivíssimas, feito bandeiras, as frases e canções de você que ficaram.

Rio, agosto de 2017

agradecimentos

Sou grato a Luciano Figueiredo, Hélio Raimundo Santos Silva, Steve Berg, Chacal, pelas conversas. Agradeço a receptividade e a generosidade de Frederico Coelho e George Mendes. Um agradecimento especial a Weslley Fontenelle, que, por um golpe de sorte, me mergulhou de uma só vez nos planetas Piauí e Torquato-hoje. A ele devo materiais, inclusive inéditos, que, mesmo quando não utilizados, foram úteis para pensar esta seleção e apresentação. Finalmente, o agradecimento a Maria Amélia Mello, por mais esta iniciativa de publicar Torquato e por ter propiciado o reencontro com uma corrente profunda de minha/nossa história.

poesia, canção

*Quando eu nasci
Um anjo louco muito louco
Veio ler a minha mão*

Cogito

eu sou como eu sou
pronome
pessoal intransferível
do homem que iniciei
na medida do impossível

eu sou como eu sou
agora
sem grandes segredos dantes
sem novos secretos dentes
nesta hora

eu sou como eu sou
presente
desferrolhado indecente
feito um pedaço de mim

eu sou como eu sou
vidente
e vivo tranquilamente
todas as horas do fim ∎

A poesia é a mãe das artes
& das manhas em geral: alô poetas
poesia no país do carnaval.

O poeta é a mãe das artes
e das manhas em geral. Alô poesia:
os poetas do país, no carnaval,
têm a palavra calada
pelas doenças do mal.

Mal, muito mal: a paisagem, o verde
da manhã, rever-te sob o sol de tropical
reverso da mortalha (o mal), notícias
de jornal – vermelho e negro – naturalismo
eu cismo ∎

Let's play that

Quando eu nasci
Um anjo louco muito louco
Veio ler a minha mão
Não era um anjo barroco
Era um anjo muito louco, torto
Com asas de avião
Eis que esse anjo me disse
Apertando a minha mão
Com um sorriso entre dentes
Vai bicho desafinar
O coro dos contentes
Vai bicho desafinar
O coro dos contentes
Let's play that ∎

a) *A virtude* é a mãe do vício conforme se sabe;
acabe logo comigo
Ou se acabe.

b) A virtude e o próprio vício – conforme se sabe estão no fim,
                                                           no início
da chave.

c) Chuvas da virtude, o vício, conforme se sabe;
é nela propriamente que eu me ligo, nem disco nem filme:
nada, amizade. Chuvas de virtude: chaves.

d) (amar-te/ a morte/ morrer:
há urubus no telhado e a carne-seca
é servida: um escorpião encravado
na sua própria ferida, não escapa; só escapo
pela porta da saída).

e) A virtude, a mãe do vício
como eu tenho vinte dedos,
ainda, e ainda é cedo:
você olha nos meus olhos
mas não vê nada, se lembra?

f) A virtude
mais o vício: início da
MINHA
transa, início, fácil, termino:
"como dois mais dois são cinco"
como Deus é precipício,
durma,
e nem com Deus no hospício
(durma) nem o hospício
é refúgio. Fuja. ▪

Agora não se fala mais
toda palavra guarda uma cilada
e qualquer gesto é o fim
do seu início;

Agora não se fala nada
e tudo é transparente em cada forma
qualquer palavra é um gesto
e em sua orla
os pássaros de sempre cantam
nos hospícios.

Você não tem que me dizer
o número de mundo deste mundo
não tem que me mostrar
a outra face
face ao fim de tudo:

só tem que me dizer
o nome da república do fundo
o sim do fim do fim de tudo
e o tem do tempo vindo;

não tem que me mostrar
a outra mesma face ao outro mundo
(não se fala. não é permitido:
mudar de ideia. é proibido.
não se permite nunca mais olhares
tensões de cismas crises e outros tempos.
está vetado qualquer movimento ■

arena a:
festivaia — gb

introdução ad libitum
para coral misto fotogênico

vocês não têm outro rosto
vocês conhecem
o melhor caminho do poço
(lusco/reembolso
fosco = total: O
alegre animal circunda)
vocês não têm outros dedos
vocês inventam   *beira mar*
sim
os grandes bailes do medo
(segre do gam o morcego
& escovam os dentes
da bunda)

I
solista com guitarra e luvas

eu sou   terrível
                          tível
eu sou   horrível
                          ao nível   sim
eu sou   incrível   &
                          cravo!   e-eu

sou   o fim da picada
                          (alô, moçada)

do outro lado da corda
qualquer plateia me agrada

II
ária para letrista

braço de ouro beijo na garganta (meu
coração sentimental se espanta
&
minha mansão é vossa &
a canção &) A VOSSA
bolsa – boa moça – grita
as armas dos brazões condecorados
sim
os brazas e os brazões silenciados (segredo
gar &): sim
estamos todos ao redor da mesa
o mesmo cano cerrado
paco
& a moringa
SIM
os brazas e os brazões silencifrados (como
2 quadradões?): estamos todos ao redor da mesa
(os segredos dantes,
os secretos dentes,
meu amor)
mesotombados ao redor da mesma
– "como 2 quadradões" –
mesa
que   *ainda*
mescla
e a paga?   o que
(mesa)   MH
erdamos///

III
solista com alaúde e fogo

eu sou   terrível   desa
                 pareço
eu sou   horrível   não compro:
                 mato
eu sou incrível?   cravina &
                 greta
                 EU
sou   o
                 FIM
da picada —

IV
solo feminino casto/profissional

desafinar o coro dos contentes
desde o final
despentear todos os dentes
desafinar
desparamar principalmente os dentes
pen / DURADOS
afferrollhharr o corpo do indecente
sim
& afe / rir
arrebentar a folha na semente
a FERRO olhar &
&
arrebentar
principalmente o deste
            (AMOR)
            o dente
            MAL
sangrado, sim   & sim — ■

o avião supersônico
contrasta com minha vida
este país dos meus sonhos
não tem mais nada comigo
não me cultiva nem deita
ao meu lado se preciso

o avião supersônico
o meu dinheiro não compra
compro ilhas compro noivas
compro roupas que me cobrem
mas esse avião ligeiro
não compro com meu dinheiro.

o avião supersônico
é meu amor derradeiro
é nele que chego e [causo]
com meu tão rico dinheiro
o avião supersônico
não sabe que estou solteiro
não sabe que o meu dinheiro
compra tudo mais barato:
(antigamente, quem lembra
que eu não tinha sapatos?)
compro ilhas, compro noivas
vendo tudo no atacado. ∎

a santa morta
mor   na   impres
                    são

a curva
vistavisão

a santa morna
mor   ta a

           manhã
seca do seco

         som
&
acesa-na-mão

santa & sentada
santa
& sem pé   sem pelos
na fé

(deus
nos olhos da santa
teu o
l h o
o um que não canta
& não canta
a mó
rn
a impressão):

eis a santa
ei-lo chão. ∎

TORQUATO NETO: ESSENCIAL

**A matéria O material
3 estudos de som, para ritmo**

    1

    arco
    artefato
    vivo
    auriverde
    sirv
    o
    a
    fé
    (ri?)
    da fa
    da, moça
    in
    feliz : ■

2

arco
art & fato
vi-vo
auriver-
te,
sir v
o
a fe
ri D
a fa
da (in)
feliz —   : vivo (a) o -
                           crefoto
                           cr&ivo &
                             não/o
                 qui-Z
                     a   o
                       rc
                     o
             auriver...
                 te   eu
                    sir
                    v.o.
           § a raia-raiz ■

3

   a   o
   rc
   o
arte   fa-
        liz   &   vi–v.o.
                      :
                      auriv/ver
                      te,
                      rai
                      Z ■

O Poeta é a mãe das armas
& das Artes em geral –
alô, poetas: poesia
no país do carnaval;
alô, malucos: poesia
não tem nada a ver com os versos
dessa estação muito fria.

O Poeta é a mãe das Artes
& das armas em geral:
quem não inventa as maneiras
do corte no carnaval
(alô, malucos) é traidor
da poesia: não vale nada, lodal.

A poesia é o pai das ar-
timanhas de sempre: quent
ura no forno quente
do lado de cá, no lar
das coisas malditíssimas;
alô poetas: poesia!
poesia poesia poesia poesia!
O poeta não se cuida ao ponto
de não se cuidar: quem for cortar meu cabelo
já sabe: não está cortando nada
além da MINHA bandeira | | | | | | | | | | | | =
sem aura nem baúra, sem nada mais pra contar
Isso: ar. ar. ar. ar. ar. ar. ar. ar. ar. ar. ar. ar. ar. ar. ar. ar. a
r: em primeiríssimo, o lugar.

Poetemos pois. ∎

torusatonertlo. 71 l mnbAS.

querendo conversar: falemus
os piores palavros, apurém, ho!
je.
ho!
jecomo ho! je, amanhgrã.,nhã. CRU=
sete e

ok
que tudo esteja direito
(mas ainda não o.k. que eu também não sei
onde deixei meus
de-feitos).

quando eu estava
para completar 25
anos
eu estava em paris
e estava ouvindo o disco de caetano
e depois pensei: SIM
e sim e depois
quando eu estava   anos
e estava em paris
e depois eu pensei
quando eu estava ok,
ok. ou
como queiram:
onde deixei
todos meus peitos, das cantigas
onde deixei (não
sei?) meu coração
fundamental, as almas mais bastardas
do planeta hum aqui presente?

yes: ou foi o tombo do navio
　　　　ou foi o balanço do mar.

não é meu coração
nem
é o cio do nosso estar.
não é a tal balança, nem o pavio
que pode incendiar
a dança. É a minha cama farta. é
a minha cama farta,
muito
alta. É.

Eu tinha quase 25 anos em Paris
no dia de hoje. ∎

rio-:::-+

alô =+=$% -

agorete, mariagorette, mar-tá?
sertaneja seu pudec &
se
o meudin
heiro venc
e
e
amargoret-te
a curvacurvili
nea
emSÃO p au l o
poddredredresdrederdssaz
cruzeiros mais uk menos hojk fFg
brichitetetcv: -
ção, somos, sereire mos, alvinho mas, más, dan
ninhas aves espanholas, avém, cris, crirtrfvom.:!

torqua I to neto-71-1-nove.

student
ário, alçapão, cala
bo
u
ço
primo dele, eu mesmo.
ontem como se fosssse hojíssimo, now
craterona, rata, malhur, mulher.
? CREDO ? ■

Bilhetinho sem maiores consequências

Uma retificação, meu bom Vinicius:
Você falou em "bares repletos de homens vazios"
e no entanto se esqueceu
de que há bares
lares
teatros, oficinas
aviões, chiqueiros
e sentinas,
cheinhos (ao contrário)
de homens cheios.
Homens cheios
(e você bem sabe)
entulhados da primeira à última geração
da imoralidade desta vida
das cotidianas encruzilhadas e decepções
da patente inconsequência disso tudo.
Você se esqueceu
Vinicius, meu bom,
dos bares que estão repletos de homens cheios da maldade das
coisas e dos fatos,
dos bares que estão cheios de homens cheios
da maldade insaciável
dos que fazem as coisas e organizam os fatos.
E você
que os conhece tão de perto
Vinicius "Felicidade" de Morais
não tinha o direito de esquecer
essa parcela imensa de homens tristes,
condenados candidatos naturais
a títulos de tão alta racionalidade
a deboches de tão falsa humanidade.

Com uma admiração "deste tamanho".

Rio, 7/7/1962

Mamãe, coragem

Mamãe mamãe não chore
A vida é assim mesmo
Eu fui embora
Mamãe mamãe não chore
Eu nunca mais vou voltar por aí
Mamãe mamãe não chore
A vida é assim mesmo
E eu quero mesmo
É isso aqui

Mamãe mamãe não chore
Pegue uns panos pra lavar
Leia um romance
Veja as contas do mercado
Pague as prestações
– ser mãe
É desdobrar fibra por fibra
Os corações dos filhos,
Seja feliz
Seja feliz

Mamãe mamãe não chore
Eu quero eu posso eu quis eu fiz
Mamãe seja feliz
Mamãe mamãe não chore
Não chore nunca mais não adianta
Eu tenho um beijo preso na garganta
Eu tenho jeito de quem não se espanta
(Braço de ouro vale dez milhões)
Eu tenho corações fora do peito
Mamãe não chore, não tem jeito
Pegue uns panos pra lavar leia um romance
leia *Elzira, a morta-virgem,*
O grande industrial

Eu por aqui vou indo muito bem
De vez em quando brinco o carnaval
E vou vivendo assim: felicidade
Na cidade que eu plantei pra mim
E que não tem mais fim
Não tem mais fim
Não tem mais fim ■

Todo dia é dia D

Desde que eu saí de casa
Trouxe a viagem da volta
Gravada na minha mão
Enterrada no umbigo
Dentro e fora assim comigo
Minha própria condução
Todo dia é o dia dela
Pode não ser pode ser
Abro a porta e a janela
Todo dia é dia D

Há urubus no telhado
E a carne seca é servida
Escorpião encravado na sua própria ferida
Não escapa, só escapo pela porta da saída
Todo dia é mesmo dia
De amar-te e a morte morrer
Todo dia é mais dia, menos dia
É dia D ▪

Três da madrugada

Três da madrugada
Quase nada, a cidade abandonada
E essa rua que não tem mais fim
Três da madrugada
Tudo em nada
A cidade abandonada
E essa rua não tem mais nada de mim
Nada, noite alta madrugada
Essa cidade que me guarda
Que me mata de saudade
É sempre assim
Triste madrugada
Tudo e nada, a mão fria mão gelada toca bem de leve em mim
Saiba, meu pobre coração não vale nada
Pelas três da madrugada
Toda palavra calada
Dessa rua da cidade que não tem mais fim. ∎

Marginália II

Eu, brasileiro, confesso
Minha culpa meu pecado
Meu sonho desesperado
Meu bem guardado segredo
Minha aflição
Eu, brasileiro, confesso
Minha culpa meu degredo
Pão seco de cada dia
Tropical melancolia
Negra solidão:

Aqui é o fim do mundo
Aqui é o fim do mundo
Ou lá

Aqui o Terceiro Mundo
Pede a bênção e vai dormir
Entre cascatas palmeiras
Araçás e bananeiras
Ao canto da juriti
Aqui meu pânico e glória
Aqui meu laço e cadeia
Conheço bem minha história
Começa na lua cheia
E termina antes do fim

Aqui é o fim do mundo
Aqui é o fim do mundo
Ou lá

Minha terra tem palmeiras
Onde sopra o vento forte

Da fome do medo e muito
Principalmente
Da morte
O-lelê, lalá
A bomba explode lá fora
E agora, o que vou temer?
Yes: nós temos banana
Até pra dar,
E vender

Aqui é o fim do mundo
Aqui é o fim do mundo
Ou lá ▪

Geleia Geral

Um poeta desfolha a bandeira
E a manhã tropical se inicia
Resplandente cadente fagueira
Num calor girassol com alegria
Na geleia geral brasileira
Que o jornal do brasil anuncia

É bumba iê, iê boi
Ano que vem mês que foi
Ê bumba iê, iê iê
É a mesma dança, meu boi

"A alegria é a prova dos nove"
E a tristeza é teu porto seguro
Minha terra onde o sol é mais limpo
E Mangueira onde o samba é mais puro
Tumbadora na selva-selvagem
Pindorama, país do futuro

É bumba iê, iê boi
Ano que vem mês que foi
Ê bumba iê, iê iê
É a mesma dança, meu boi

É a mesma dança na sala
No Canecão na TV
E quem não dança não fala
Assiste a tudo e se cala
Não vê no meio da sala
As relíquias do Brasil:

Doce mulata malvada
Um elepê de Sinatra
Maracujá mês de abril
Santo barroco baiano
Superpoder de paisano
Formiplac e céu de anil
Três destaques da Portela
Carne-seca na janela
Alguém que chora por mim
Um carnaval de verdade
Hospitaleira amizade
Brutalidade jardim

É bumba iê, iê boi
Ano que vem mês que foi
Ê bumba iê, iê iê
É a mesma dança, meu boi

Plurialva contente e brejeira
Miss Linda Brasil diz bom dia
E outra moça também Carolina
Da janela examina a folia
Salve o lindo pendão dos seus olhos
E a saúde que o olhar irradia

É bumba iê, iê boi
Ano que vem mês que foi
Ê bumba iê, iê iê
É a mesma dança, meu boi

Um poeta desfolha a bandeira
E eu me sinto melhor colorido
Pego um jato viajo arrebento
Com o roteiro do sexto sentido

Voz do morro, pilão de concreto
Tropicália, bananas ao vento

É bumba iê, iê boi
Ano que vem mês que foi
Ê bumba iê, iê iê
É a mesma dança, meu boi ▪

Deus vos salve a casa santa

Um bom menino perdeu-se um dia
Entre a cozinha e o corredor
O pai deu ordem a toda família
Que o procurasse e ninguém achou
A mãe deu ordem a toda polícia
Que o perseguisse e ninguém achou

Ó deus vos salve esta casa santa
Onde a gente janta com nossos pais
Ó deus vos salve esta mesa farta
Feijão verdura ternura e paz

No apartamento vizinho ao meu
Que fica em frente ao elevador
Mora uma gente que não se entende
Que não entende o que se passou
Maria Amélia, filha da casa,
Passou da idade e não se casou

Ó deus vos salve esta casa santa
Onde a gente janta com nossos pais
Ó deus vos salve esta mesa farta
Feijão verdura ternura e paz

Um trem de ferro sobre o colchão
A porta aberta pra escuridão
A luz mortiça ilumina a mesa
E a brasa acesa queima o porão
Os pais conversam na sala e a moça
Olha em silencia pro seu irmão

Ó deus vos salve esta casa santa
Onde a gente janta com nossos pais
Ó deus vos salve esta mesa farta
Feijão verdura ternura e paz ∎

quero me sentar
do lado de lá do sena: mas
que lado ainda é este? mas
&
o sena? não é a vida que
EEEUUU pensei ter encontrado?
quero me sentir
do lado de lá do sena: mas
aonde o salto? qual salto?
&
que museus visitar?   to
      dos
os que melhor informem sobre...
ora, meu saco, ora meu saco, ora meu saco,
ora meu sacro coração fatal
natal
a escrota embriagada
lá de lá de teresina.
torquato ainda assina
e pede desculpa pelos eRRos.

e se vai. o meu adeus. os meus.

torquato neto falou sobre outros poetas e calou-se em silêncio
         pelo que lhe protege.
           je. ∎

o poeta nasce feito
assim como dois mais dois;
se por aqui me deleito
é por questão de depois

a glória canta na cama
faz poemas, enche a cara
mas é com quem mais se ama
que a gente mais se depara

ou seja:

quarenta e sete quilates
sessenta e nove tragadas
vinte e sete sonhos, noites
calmas, desperdiçadas.

saiba, ronaldo, acontece
uma vez em qualquer vida:
as teias que a gente tece
abrem sempre uma ferida

no canto esquerdo do riso?
No lado torto da gente?
talvez.
o que mais for preciso
não sei sequer se é urgente.

nem sei se eu sou o caso
que mais mereço entender —
de qualquer forma, o A-caso
me deixa tonto. e querer

não é sentar, ter na mesa
uma questão de depois:
é, melhor, ver com certeza
quem imagina um mais dois.

        paris, europa, o brasil lá no brasil,
                seis de setembro de 1969 ■

Literato cantabile

Agora não se fala mais
toda palavra guarda uma cilada
e qualquer gesto é o fim
do seu início;
agora não se fala nada
e tudo é transparente em cada forma
qualquer palavra é um gesto
e em sua orla
os pássaros de sempre cantam assim,
do precipício:

a guerra acabou
quem perdeu agradeça
a quem ganhou.
não se fala. não é permitido
mudar de ideia. é proibido.
não se permite nunca mais olhares
tensões de cismas crises e outros tempos
está vetado qualquer movimento
do corpo ou onde quer que alhures.
toda palavra envolve o precipício
e os literatos foram todos para o hospício.
e não se sabe nunca mais do fim. agora o nunca.
agora não se fala nada, sim. fim, a guerra
acabou
e quem perdeu agradeça a quem ganhou. ▪

Ai de mim, Copacabana

Um dia depois do outro
Numa casa abandonada, numa avenida
Pelas três da madrugada
Num barco sem vela aberta nesse mar
Nesse mar sem rumo certo
Longe de ti ou bem perto é indiferente, meu bem
Um ano depois do outro
Ao teu lado ou sem ninguém no mês que vem
Nesse país que me engana
Ai de mim, Copacabana
Ai de mim, Copacabana, ai de mim
Quero voar no Concorde
Tomar o vento de assalto numa viagem, num salto
Você olha nos meus olhos e não vê nada
Assim mesmo é que eu quero ser olhado
Um dia depois do outro
Talvez no ano passado é indiferente
Minha vida, tua vida
Meus sonhos desesperados
Nossos filhos, nosso fusca
Nossa boutique na Augusta
O Ford Galaxie e o medo de não ter um Ford Galaxie
O taxi, o bonde, a lua, meu amor é indiferente
Minha mãe, teu pai, a rua
Nesse país que me engana
Ai de mim, Copacabana
Ai de mim, Copacabana, ai de mim...

Você olha nos meus olhos e não vê nada
É assim mesmo que eu quero ser olhado
Um ano depois do outro
Ao teu lado ou sem ninguém no mês que vem
Nesse país que me engana
Ai de mim, Copacabana
Ai de mim, Copacabana, ai de mim... ∎

A rua

Toda rua tem seu curso
Tem seu leito de água clara
Por onde passa a memória
Lembrando histórias de um tempo
Que não acaba

De uma rua de uma rua
Eu lembro agora
Que o tempo ninguém mais
Ninguém mais canta
Muito embora de cirandas
(oi de cirandas)
E de meninos correndo
Atrás de bandas

Atrás de bandas que passavam
Como o rio Parnaíba
Rio manso
Passava no fim da rua
E molhava seus lajedos
Onde a noite refletia
O brilho manso
O tempo claro da lua

Ê São João ê Pacatuba
Ê rua do Barrocão
Ê Parnaíba passando
Separando a minha rua
Das outras do Maranhão
De longe pensando nela
Meu coração de menino

Bate forte como um sino
Que anuncia procissão

Ê minha rua meu povo
Ê gente que mal nasceu
Das dores que morreu cedo
Luzia que se perdeu
Macapreto Zé Velhinho
Esse menino crescido
Que tem o peito ferido
Ainda vivo, não morreu

Ê Pacatuba
Meu tempo de brincar
Já foi-se embora
Ê Parnaíba
Passando pela rua
Até agora
Agora por aqui estou
Com vontade
E eu volto pra matar
Essa saudade

Ê São João ê Pacatuba
Ê Rua do barrocão. ∎

Fixação do momento

a pequena vila vai ficando longe.
o rio sinuoso, águas barrentas e provavelmente frias
vai circundando tudo.
os fios do telégrafo em louca disparada
riem de quem fica e de quem passa,
verde por todos os lados.
pelos três lados, verde, verde, verde:
este trem ruma pra minas...
vagão leito com sonhos de meninas, meninos
e velhas paralíticas.
poltronas do vagão "c" com rostos cansados
ansiosos
e aquele casalzinho em lua de mel.
vagão restaurante com garçons de cara dura
e bifes de carne dura...
vacas, bananeiras
pés de cana e de eucalipto
lá embaixo, mangueiras.
eu cansado...

o céu é azul
o sol é refrescante

... penso que o trem se esqueceu
de que minas não há mais...

E.F.C.B.*, 15/7/1962

* Estrada de Ferro Central do Brasil.

Poema

"O sinal fechado, atravesse"
dizia, sentado, Homero Mesiara.
Manon sorria.
Ah! Precisava conhecer que sol danado alumiava
as noites de lá.
Umas quatro cinco putas caminhando sob o céu, sobre o chão
dentro dos muros esverdeados dos conventos
                                        (ou de fora?)

Precisavas ver, ah! sim, que precisavas.
"O sinal fechado, atravesse"
Pois ficávamos.
Entre o bonde e o desespero, ninguém preferiu o suicídio,
e eu também fiquei.
Nunca fumei charutos, pode crer
mas assisti às procissões de corpus christi de joelhos
e era como se bebesse enorme dose de uísque escocês
made in são Paulo, brasil.
e não me embriagava.

(Aliás já vociferava Irmão Tomás: "Crianças, tenhamos fé, tenhamos
fé, tenhamos fé.)

Judith segurava a faca ensanguentada
e suspendia ao povo a cabeça de Holofernes,
completamente imundo e infeliz em sua paixão.
Para a turba, Judith!
Para a turba, Judith!
Para a turba!
Esta faca ou esta espada é minha.

Ninguém acreditava,
as crianças simplesmente não tinham fé
e abriu-se o sinal: nos levantamos todos e saímos.
(Inclusive Homero Mesiara.) ■

cantiga piauiense para Lena Rios

Sempre andei por um caminho
Que não conhecia bem;
Sequer me lembro se vinha
Sozinha, ou se com alguém
E nem sei se aqui chegada
Faço morada, me aquieto
Pois é certo que procuro
Algo que deve andar perto:
Mas o que vejo é incerto
E o que consigo não dura.
(Eu sempre quis outra vida
Eu sempre quis ser feliz,
Por isso naquele tempo
fiz minha mala e parti)
Sempre andei por um caminho
Que não sabia direito;
Do que perdi na viagem
Já me esqueci por completo
Não guardei nada e o que trouxe
Eram apenas utensílios
De fácil desprendimento:
Dois filhos que nunca tive
Um velho anel de família
E uma saudade no peito.
(Eu sempre quis outra vida
Eu sempre quis ser feliz:
Dos dois filhos, da saudade
E até do anel me desfiz).
Sempre andei por um caminho
Que não tem ponto final
E a paisagem que eu via
Era toda e sempre igual:

Depois da noite outro dia
Com suas mesmas desgraças,
Mas também algumas casas
Com jantar posto na mesa.
Agora:
EU SEMPRE QUIS SER CONTENTE
E PODE SER QUE EU JÁ SEJA. ∎

vir
ver
ou
vir

a coroa do rio poti em teresina lá no piauí. areia palmeiras de babaçu e
céu e água e muito longe, depois, um caso de amor um casal uns e outros.
procuro para todos os lados – localizo e reconheço, meu chicote na mão
e os outros:
a hora da novela o *terror da vermelha*
o problema sem solução a quadratura do círculo o demônio a águia o
número
do mistério dos elementos os quintais da minha terra é a minha vida;
o *faroesteiro da cidade verde*

estás doido então? (sousândrade).
ela me vê e corre, praça joão luís ferreira.
esfaqueada num jardim
estudante encontrado morto

ando pelas ruas tudo de repente é novo para mim. a grama. o meu caso de
amor, que persigo, esses meninos me matam na praça do liceu.
conversa com
gilberto gil
e recomeço a
vir ver ou
aqui onde herondina faz o show
na estação da estrada de ferro teresina–são luís um dia de amanhã

ali
onde etim é sangrado

TRISTERESINA

uma porta aberta semiaberta penumbra retratos e retoques
eis tudo. observei longamente, entrei e saí e novamente eu volto enquanto
saio, uma vez ferido de morte e me salvei
o primeiro filme – todos cantam sua terra
também vou cantar a minha

VIAGEM/LÍNGUA/VIALINGUAGEM

um documento secreto
enquanto a feiticeira não me vê
e eu pareço um louco pela rua e um dia eu encontrei um cara muito
legal que eu me amarrei e nós ficamos muito amigos eu o via
o dia inteiro e a poucos conhecia tão bem.

VER

e deu-se que um dia o matei, por merecimento.
sou um homem desesperado andando à margem do rio parnaíba.

BOIJARDIM DA NOITE

este jardim é guardado pelo barão. um comercial da pitu,
hommage,
à saúde de luiz otávio.
o médico e o monstro. hospital getúlio vargas. morte no jardim.
paulo josé, meu primo, estudante de comunicação em brasília,
morre
segurando bravamente seu rolling stone da semana

sol a pino e conceição

VIR

correndo sol a pino pela avenida

TERESINA

zona tórrida musa advir

uma ponta de filme – calças amarelas
quarto número seis sete cidades ∎

make love, not beds ou é isso mesmo

O filho de Kennedy não quer ser Kennedy
Deus os faz e os junta.
Amanhã em Tara eu pensarei nisso.
Para o bom entendedor: meia palavra basta?
É disco que eu gosto?
Quem vem lá faça o favor de dizer por que é que vem.
Tem gente dando bandeira a meio pau.
Ninguém me ama, ninguém me chama, são coisas do passado (W.S.)
Quem sabe, sabe, conhece bem: gostoso gostar de alguém?
Vai começar a era de Aquarius. Prepare o seu coração.
Ou não: dê um pulo do lado de fora.
comprei. Olhe. Vire. Mexa.
Você sempre me aparece com a mesma conversa mole.
Com o mesmo papo furado – só filmo planos gerais.
Sou feiticeiro de nascença/Trago o meu peito cruzado
A morte não é vingança/Orgulho não vale nada.
E atrás dessa reticência.

Nada. ri-go-ro-sa-men-te nada.
Boca calada, moscas voando, e tudo somente enquanto
Eu deixar. Enquanto eu estiver atento nada me acontecerá.
Um painel depois do outro e um sorriso de vampiro;
Eu me viro/como/posso me virar.
E agora corta essa – só quero saber do que pode dar certo.
Mas hoje tenho muita pressa. Pressa. Pressa! A gente se vê,
Na certa. ∎

Panorama visto da ponte

Azulejos retorcidos pelo tempo
Fazem paisagem agora no abandono
A que eu mesmo releguei um mal distante.

Faz muito tempo e a paisagem é a mesma
Não muda nunca – sempre indiferente
A céus que rolem ou infernos que se ergam.

Alguns vitrais. E em cinerama elástico
O mesmo campo, o mesmo amontoado
Das lembranças que não querem virar cinzas.

Três lampiões. As cores verde e rosa
A brisa dos amores esquecidos
E a pantera, muito negra, das paixões.

Não passa um rio enlameado e doce
Nem relva fresca encobre a terra dura.
É só calor e ferro e fogo e brasa

Que insistem como cobras enroladas
Nos grossos troncos, medievais, das árvores.
Uma eterna camada de silêncio

E o sol cuspindo chumbo derretido.
O céu é azul – e como não seria?
Mas tão distante, tão longínquo e azul...

Rio, 13/12/1962

Insônia

Os pés gelados de frio
escuto a chuva caindo
o ronco do meu amigo
a conversa lá de cima.

Hoje tem festa por lá...

Em cama alheia me estendo
a cabeça tão distante
pensando em certas tolices
que era melhor não pensar.

Hoje tem festa por lá?

Sinto uma coisa esquisita
passando a minha espinha
(Não sei se a volta inda custa
nem mesmo se eu vou voltar)

Hoje tem festa por lá!

Menino veste o teu terno
E vamos logo saindo
que o tempo não espera não
nem adianta esperar:

Hoje tem festa por lá.

Rio, 8/7/1962

Louvação

Vou fazer a louvação, louvação, louvação
Do que deve ser louvado, ser louvado, ser louvado.
Meu povo, preste atenção, atenção, atenção.
Repare se estou errado.
Louvando o que bem merece,
Deixo o que é ruim de lado.

E louvo, pra começar,
Da vida o que é bem maior:
Louvo a esperança da gente
Na vida, pra ser melhor.
Quem espera sempre alcança,
Três vêis salve a esperança!

Louvo quem espera sabendo
Que pra melhor esperar,
Procede bem quem não para
De sempre e mais trabalhar.
Que só espera sentado
Quem se acha conformado.

Vou fazendo a louvação, louvação, louvação
Do que deve ser louvado, ser louvado, ser louvado.
Quem estiver me escutando, atenção, atenção.
Que me escute com cuidado.
Louvando o que bem merece,
Deixo o que é ruim de lado.

Louvo agora e louvo sempre
O que grande sempre é:
Louvo a força do homem
E a beleza da mulher,
Louvo a paz pra haver na terra,
Louvo o amor que espanta a guerra.

Louvo a amizade do amigo
Que comigo há de morrer,
Louvo a vida merecida
De quem morre pra viver,
Louvo a luta repetida
Da vida, pra não morrer.

Vou fazendo a louvação, louvação, louvação
Do que deve ser louvado, ser louvado, ser louvado.
De todos peço atenção, atenção, atenção.
Falo de peito lavado
Louvando o que bem merece,
Deixo o que é ruim de lado.

Louvo a casa onde se mora
De junto da companheira,
Louvo o jardim que se planta
Pra ver crescer a roseira,
Louvo a canção que se canta
Pra chamar a primavera.

Louvo quem canta e não canta
Porque não sabe cantar
Mas que cantará na certa
Quando, enfim, se apresentar
O dia certo e preciso
De toda a gente cantar.

E assim fiz a louvação, louvação, louvação
Do que vi pra ser louvado, ser louvado, ser louvado.
Se me ouviram com atenção, atenção, atenção,
Saberão se estive errado
Louvando o que bem merece,
Deixando o ruim de lado. ∎

Domingou

São três horas da tarde
É domingo
Da janela a cidade se ilumina
Como nunca jamais se iluminou
São três horas da tarde
É domingo
Na cidade, no Cristo Redentor ê ê
É domingo no trólei que passa
É domingo na moça e na praça
É domingo ê ê
Domingou meu amor

Hoje é dia de feira
É domingo
Quanto custa hoje em dia o feijão
São três horas da tarde
É domingo
Em Ipanema e no meu coração ê ê
É domingo no Vietnã
Na Austrália e em Itapuã
É domingo ê ê
Domingou meu amor

Quem tiver coração mais aflito
Quem quiser encontrar seu amor
Dê uma volta na praça do Lido
Ô skindô, ô skindô, ô skindô-lê-lê
Quem quiser procurar residência
Quem está noivo e já pensa em casar
Pode olhar o jornal, paciência
Tra-lá-lá tra-lá-lá ê ê

O jornal de manhã chega cedo
Mas não traz o que eu quero saber
As notícias que leio conheço
Já sabia antes mesmo de ler
Ê ê qual o filme que você quer ver?
Que saudade, preciso esquecer
É domingo
Ê ê domingou meu amor

Olha a rua meu bem, meu benzinho
Tanta gente que vai e que vem
São três horas da tarde
É domingo
Vamos dar um passeio também
Ê ê o bondinho viaja tão lento
Olha o tempo passando,
Olha o tempo
É domingo, outra vez
Domingou meu amor... ∎

Coisa mais linda que existe

Coisa linda neste mundo
É sair por um segundo
E te encontrar por aí
E ficar sem compromisso
Pra fazer festa ou comício
Com você perto de mim
Na cidade em que me perco
Na praça em que me resolvo
Na noite da noite escura
É lindo ter junto ao corpo
Ternura de um corpo manso
Na noite da noite escura
A coisa mais linda que existe
É ter você perto de mim
O apartamento, o jornal
O pensamento, a navalha
A sorte que o vento espalha
Essa alegria, o perigo
Eu quero tudo contigo
Com você perto de mim
Coisa linda neste mundo
É sair por um segundo
E te encontrar por aí
E ficar sem compromisso
Pra fazer festa ou comício
Com você perto de mim
A coisa mais linda que existe
É ter você perto de mim ■

Daqui pra lá, de lá pra cá

era um pacato cidadão
sem documento
não tinha nome, profissão
não teve tempo

mas certo dia deu-se um caso
e ele embarcou num disco
e foi levado pra bem longe
do asterisco em que vivemos

ele partiu e não voltou
e não voltou porque não quis
quero dizer: ficou por lá
já que por lá se é mais feliz

e um espaçograma ele enviou
pra quem quisesse compreender
mas ninguém nunca decifrou
o que ele nos mandou dizer

terramarear atenção
o futuro é hoje
e cabe na mão
vietvistavisão

para azar de quem não sabe
e não crê
que se pode sempre a sorte escolher
e enterrar qualquer estrela no chão

vietvistavisão
terramarear atenção
fica a morte por medida
fica a vida por prisão ∎

Pra dizer adeus

Adeus
Vou pra não voltar
E aonde quer que eu vá
Sei que vou sozinho
Tão sozinho amor
Nem é bom pensar
Que eu não volto mais
Desse meu caminho

Ah,
Pena eu não saber
Como te contar
Que o amor foi tanto
E no entanto eu queria dizer
Vem
Eu só sei dizer
Vem
Nem que seja só
Pra dizer adeus. ∎

Jardim da noite

Repara a cor do dia
Reparo a torre da tevê
Não há madrugada mais fria
Do que esses dias sem você
Deu meia-noite
No meio do dia
Casa vazia
Entre pra ver

E esqueça
Tudo o que digo
São poucas palavras
E todas marcadas
Passos na escada
Meus olhos nos seus
Algumas palavras
Pra não dizer adeus:
Esqueça agora
Repare a cor do dia
Chove lá fora, entre pra ver
A madrugada fria
Esses dias e eu sem você ■

Lua nova

É lua nova
É noite derradeira
Vou passar a vida inteira
Esperando por você

Andei perdido
Nas veredas da saudade
Veio o dia, veio a tarde
Veio a noite me encobrir
É lua nova esta noite derradeira
Vou-me embora dentro dela
Perguntar por quem te viu

É lua nova
É noite derradeira
Vou passar a vida inteira
Esperando por você

Essa noite é que é meu dia
Essa lua é quem me guia
E você é o meu amor
Vou pela estrada tão comprida
Quem me diz não ser perdida
Essa viagem em que eu vou

É lua nova
É noite derradeira
Vou passar a vida inteira
Esperando por você. ∎

Go back

Você me chama
eu quero ir pro cinema
você reclama
meu coração não contenta
você me ama
mas de repente a madrugada mudou
e certamente
aquele trem já passou
e se passou
passou daqui pra melhor,
foi!

Só quero saber
do que pode dar certo
não tenho tempo a perder
você me pede
quer ir pro cinema
agora é tarde
se nenhuma espécie
de pedido
eu escutar agora
agora é tarde
tempo perdido
mas se você não mora, não morou
é porque não tem ouvido
que agora é tarde
— eu tenho dito —
o nosso amor mixou
(que pena) o nosso amor, amor
e eu não estou a fim de ver cinema
(que pena)

Andarandei

não é o meu país
é uma sombra que pende
concreta
do meu nariz
em linha reta
não é minha cidade
é um sistema que invento
me transforma
e que acrescento
à minha idade
nem é o nosso amor
é a memória que suja
a história
que enferruja
o que passou

não é você
nem sou mais eu
adeus meu bem
(adeus adeus)
você mudou
mudei também
adeus amor
adeus e vem

quero dizer
nossa graça
(tenemos)
é porque não esquecemos
queremos cuidar da vida

já que a morte está parida
um dia depois do outro
numa casa enlouquecida
digo de novo
quero dizer
agora é na hora
agora é aqui
e ali e você
digo de novo
quero dizer
a morte não é vingança
beija e balança

e atrás dessa reticência
queremos
quero viver. ∎

Zabelê

Minha sabiá
Minha zabelê
Toda meia-noite
Eu sonho com você
Se você duvida
Eu vou sonhar pra você ver

Minha sabiá
Vem me dizer por favor
O quanto que eu devo amar
Pra nunca morrer de amor

Minha zabelê
Vem correndo me dizer
Porque eu sonho toda noite
E sonho só com você
Se você não me acredita
Vem pra cá
Vou lhe mostrar
Que riso largo é o meu sonho
Quando eu sonho
Com você

Mas anda logo
Vem que a noite
Já não tarda a chegar
Vem correndo
Pro meu sonho escutar
Que sonho falando alto
Com você no meu sonhar ∎

Na praça procurou-se pelos pombos

Na praça procurou-se pelos pombos
(como num último pedir de moribundo
– e os pombos dormiam.
Dormiam muito sós nos seus silêncios
e nos seus medos
de quem
de cima
(calado)
observava tudo
e sentia aquela angústia
propriedade particular dos deuses.
E faziam amor
sem coisa alguma mais do que amor.
Sem cicatrizes impressas em nenhum lombo.
Sem momentos despejados na areia.
Sem músicos.
Sem cruzeiros...

                                    Rio, março, 1963

Desejo

Mas...
se eu pudesse um dia
com as mãos o sol pegar;
a lua apertar entre os meus pés
e
trêmulo de prazer,
em plena Via Láctea, todos os astros reter comigo,
um gozo frenético e sem fim,
apesar de tanta infelicidade
eu chegaria a ter pena de mim mesmo
pois, indiscutivelmente,
eu estaria louco,
demente!

Ba, 2/7/1961

Via Crucis

abriu-se a porta este meu ser entrou
desajeitado e tonto
verificados os lábios que sangravam
e as mãos que não se retorciam
meu eu assinou a ficha inicial e na parede marcou
exatamente
o tempo.
dormiam-se nas cavas do silêncio
as quatro musas que nunca invocarei.

Janeiro, 1963 ▪

Em casa (Teresina, 1972).

conversação

O jornal de manhã chega cedo
Mas não traz o que eu quero saber
As notícias que leio conheço
Já sabia antes mesmo de ler

música popular (coluna do *jornal dos sports*)

terça-feira, 7 de março de 1967

cordiais saudações...

O assunto é música popular: discos, movimento de gente mais ou menos popular no ambiente de música *idem*. Possíveis entrevistas com alguns figurões da música brasileira etc. etc. De vez em quando, muito *etcetera*. Os discos serão comentados regularmente e, para não escapar à regra geral, receberão cotações variáveis entre uma e três estrelinhas: mau, bom, excelente. Com isso pretende-se oferecer ao leitor uma orientação que pode ou não ser tomada a sério. Afinal de contas, não é provável que se convença uma fanzoca de Orlando Dias que ele não é, de modo algum, o melhor cantor do brasil. São as complicações do ofício de colunista. Um ofício novo para quem assina (e escreve, pois não) estas notas de hoje em diante diárias. Ter de enfrentar, por exemplo, a cara feia do responsável pela divulgação da gravadora que nos manda os discos esperando que elogiemos a todos, incondicionalmente. Não será possível imaginar o que faríamos da reputação que tentamos conseguir, depois de premiarmos com três ricas estrelinhas o último lançamento – digamos – de Carlos Alberto, que canta chorando alguns boleros horríveis, certo de que o faz muitas vezes melhor do que Lucho Gatica, o precursor da escola... Impossível.

Mas nem por isso ninguém está autorizado a supor que faremos desta coluna o "cantinho da pichação". O que for bonzinho receberá suas duas estrelinhas. O que for ótimo terá mesmo a sua constelação. Isso talvez não mude o curso da história, a burrice dos programadores ou a histeria das fanzocas (que não leem colunas de música popular, evidentemente), mas pelo menos servirá – a quem nos der a honra – como atestado de que estaremos fazendo o possível para dizer com honestidade que o disco tal não merece entrar numa discoteca de razoável bom gosto, ou que o último lançamento do cantor fulano está excelente e talvez deva ser adquirido com urgência.

Com o noticiário, pretende-se informar a um público que se interessa pelo movimento de músicos, compositores, intérpretes e gravadoras. Por exemplo: a fábrica de discos X anuncia o lançamento do último elepê de Y; ou o cantor Z está procurando músicas inéditas para o seu próximo disco (compositores, cerquem o homem!); ou talvez: a cantora beltrana deve encontrar-se com Freud na próxima semana (leiam na revista tal...). Desse modo, faremos um serviço útil, sem o menor compromisso com a doce tentação da fofoca, que o leitor deve procurar nas colunas de praxe. A colaboração das gravadoras, empresários etc. será bem-vinda: que nos mandem noticiário regular, suplementos mensais e o que mais possa servir. Agradeceremos.

E as entrevistas? É uma possibilidade, sim. Conversinhas curtas com pessoas que estejam em evidência e tenham alguma coisa para dizer. Declarações interessantes de algum figurão, sempre, é claro, sobre música popular. E, no mais, como isso tudo foi apenas uma conversa inicial para apresentações mútuas, terminamos por aqui. Cordiais saudações... ∎

quarta-feira, 8 de março de 1967

gil preprara *louvação*

Gilberto Gil está gravando seu primeiro LP. O disco sairá em maio, em lançamento da Philips, e deve chamar-se *Louvação*. Algumas canções incluídas no álbum: "Lunik 9", "Viramundo", "Louvação", "Roda", "Procissão", "Rancho da rosa encarnada", "Beira-mar" e "Água de meninos". Os arranjos foram divididos entre Dori Caymmi e o maestro Gaya. Contracapa com textos deste colunista, de José Carlos Capinam, Caetano Veloso e Chico Buarque de Hollanda. O baiano está em Salvador durante esta semana, participando de um filme sobre música popular brasileira que está sendo rodado por Gianni Amico para a televisão italiana. Desse filme participam também Maria Bethânia e Nara Leão. ∎

quarta-feira, 15 de março de 1967

catulo

Por detrás das lentes grossíssimas, Catulo espia o mundo com olhos tristes. Pode ser que não, ninguém sabe: mas nunca vi ninguém parecendo tão triste. Há muito tempo que eu olhava Catulo de Paula. Pela noite, onde ele aparece devagar e sempre, puxando papo com gente conhecida, esticando até de madrugada, conversando apenas de vez em quando um uisquinho amigo, uma pilhéria. A primeira vez que o vi, Catulo estava montado num burrinho, uma viola debaixo do braço, chapeuzinho de couro e cantando uns versos lindos: "Vida ruim nunca que chega ao fim". Era num filme, sim senhores, e o filme não prestava, mas Catulo ficou na memória com suas canções. Depois, metido noutras ondas, eu o via passando pela noite de Copacabana e, olhando seus olhos tristes, eu me lembrava ainda, da canção. E de outras: "Lua, luar, vai dizer ao meu amor para vir cá, ó luar".

Somente isto eu sei de Catulo. Acrescento um LP, feito na Odeon, há cerca de três anos. Bonito, muito bonito. Há poucos dias um amigo me falou: "Catulo está com um bocado de músicas, todas lindas, e não consegue gravar". Pois é isto que eu não entendo. Não consegue por quê? Então a mentalidade é ainda a mesma, as gravadoras continuam "por fora" como sempre, cheias de preconceitos burros que não acreditam na possibilidade de que Catulo possa vender discos...

"Casa de pau, pó e pá", música adulta de um compositor adulto. A música bonita de um compositor que sabe fazer coisas bonitas, por que não é gravada? Não vale nada a opinião de um cronista: as "sumidades" das gravadoras teimam na obtusidade de sempre. Mas, pelo menos, a gente pode dizer que se trata de coisa boa, de coisa – palavra! – comercial. Tom Jobim, compositor de outra "onda", e muito bom também, disse certa vez que o povo aceita qualquer música de boa qualidade, porque não tem preconceitos... Por que não tentam? Odeon, Philips, CBS, Fermata, RGE, Som Maior, RCA etc. etc.: ouçam as novas canções de Catulo. Deixem que ele cante e gravem um disco com ele. É realmente muito bom. E vende.

sexta-feira, 7 de abril de 1967

uma história do samba

É engraçado como não existe, até agora, uma história do samba. Penso neste assunto ao lembrar que estamos em 1967, ano do cinquentenário (não comemorado) da primeira gravação de um samba. E espio a estante: não a minha, necessariamente, que não estou com ela por aqui, mas qualquer uma das que frequento com assiduidade, a de Capinam, a do Chico Buarque, a do Edu Lobo, a da Maison de France. Pelo menos, traduzidas em português, existem umas dez histórias do jazz. A de Barry Ulanov, que eu tenho, é ótima. Sérgio Porto escreveu uma *Pequena história do jazz*, publicada pelo MEC, que é bem razoável. Isso tudo é ótimo, bacana etc. A música popular americana é importante, a mais importante desse século, e é bom que as pessoas possam conhecê-la bem. Mas, por que ninguém se lembrou ainda de escrever uma historiazinha do samba?

Material não falta: temos aí os livros de Almirante, de Ary Vasconcelos, Lúcio Rangel e mais alguns, todos cheios de informações para quem queira utilizá-las como fonte para um estudo maior. O Museu da Imagem e do Som tem providenciado, no sentido de deixar registrados depoimentos de personalidades ligadas à história do samba, um trabalho que, a meu ver, é de verdadeira utilidade pública. E, por outro lado, estão vivos e bem vivos alguns dos seus compositores pioneiros – como Ismael Silva, Cartolão, Donga etc. –, prontos a prestar ajuda a quem lhes peça. Trata-se, realmente, de uma lacuna: com um farto material às mãos, não apareceu, que eu saiba, ninguém disposto a fazer este trabalho, simples e bom. Alguns artigos esporádicos de J. Ramos Tinhorão, por exemplo, têm estudado vários aspectos do assunto, mas de maneira naturalmente incompleta. O que falta é uma história do samba *mesma*, pelo menos contando a história da música popular brasileira até 1950, quando as coisas começaram a mudar e o barco tomou novos rumos. O samba não teve ainda o seu historiador, embora haja tanta gente por aí capaz de realizar este trabalho. Digo três, que poderiam realizá-lo, a meu ver, satisfatoriamente: Ary Vasconcelos (cujo livro, publicado há cerca de dois anos, adota um método ineficiente de apenas biografar as personalidades do samba), Sérgio Porto ou meu querido Fernando Lobo aí ao lado, que fala de televisão mas sabe tanto sobre nossa música. ∎

sábado, 8 de abril de 1967

duas notas

1 – Poucos discos têm sido tão badalados, discutidos, ouvidos e elogiados antes do seu lançamento quanto o elepê de Frank Sinatra e Tom Jobim. As boates, quase todas, já têm o disco (ou cópias em fita) e, com isso, conseguiram de repente elevar seu faturamento diário. Até restaurantes mais sofisticados anunciam a atração nos jornais. E, desde o início desta semana, os "importadores" têm feito bons negócios, vendendo o elepê *Reprise* por 25 cruzeirinhos... novos. Está havendo uma corrida: chegou o açúcar? Nada disso, chegou o disco de Sinatra e Tom.

Ontem à tarde ouvi pela primeira vez o elepê. É realmente muito bom, dá na gente antes de tudo um euforismo verde-amarelo dos mais sadios porque está lá, e ninguém duvida mais, "a voz" (ou *"the voice"*, como queiram), interpretando sete músicas brasileiras. As melhores faixas, a meu ver, são "Dindi" e "Insensatez". Mas é bonito ouvir Tom, com sua voz de fantasma, entrar depois de Sinatra e cantar "Garota de Ipanema" em português. É, repito, um disco muito bom.

É preciso que o público tenha um pouquinho mais de calma e espere até o dia 20, quando a Philips colocará o famoso microssulco em todas as lojas, e a preço normal. Isso dessa correria aos "importadores" é bobagem. Esperem: o disco vai sair, direitinho, inteirinho – bem mais barato. Faltam apenas dez dias...

2 – Norminha Bengell. A foto é de Baden Powell e foi tirada em Salvador há coisa de uma semana, quando os dois estiveram se apresentando no Teatro Castro Alves, com o show Berimbau. Encontro Norma e ela me conta como foi. E foi bem, muito bem, como, aliás, tinha de ser. Escrevi a respeito do show quando ele ainda estava em cartaz no Zum-Zum. Quem leu deve estar lembrado do meu entusiasmo. Pois na Bahia o entusiasmo foi também (e principalmente) do público, que ovacionou Baden e Norminha durante minutos imensos.

"Foi uma experiência única na vida da gente", diz Norma. "Um negócio completamente inesperado, e lindo."

Baden ficou na Bahia, colhendo louros e visitando candomblé. Norma já está ensaiando, a todo vapor, o show que fará com Rosinha de Valença no Teatro Princesa Isabel. Atenção: estreia marcada para o dia 12 deste.

E até amanhã. ■

sexta-feira, 12 de maio de 1967

notas para sexta-feira

maria

Maria Bethânia. Segunda-feira passada apresentou-se na Fina Flor do Samba, do Teatro Opinião. E repetiu o sucesso de suas apresentações anteriores, tendo sido aplaudidíssima pelo público que lotava o teatro. Bethânia prepara atualmente um show para a boate Rui Bar Bossa, cuja estreia, a princípio, está acertada para a segunda quinzena de junho. Nesse show, a baiana vai lançar cerca de dez músicas inéditas dos compositores Caetano Veloso, Gilberto Gil, José Carlos Capinam, Paulinho da Viola e Ferreira Gullar. Aliás, por ser muito bonita, vale anotar aqui parte de uma letra que Gullar fez especialmente para Bethânia. A música é de Caetano.

> Onde andarás
> nessa tarde vazia
> [...]
> enquanto o mar bate azul em
> Ipanema em que bar
> em que cinema
> te esqueces de mim

Bethânia fará esta semana o programa de Stanislaw Ponte Preta na TV Tupi. E cantará as três mais recentes composições de Chico Buarque. "Quem te viu, quem te vê", "Com açúcar, com afeto" e "Estou vendendo um realejo".

casa grande

Já disse e repito, é o melhor lugar noturno desta cidade. Os preços são honestos, o uísque *idem*, o chope gelado. E o melhor, apresenta sempre uma boa atração, além do que é a única casa destas bandas onde as pessoas se reúnem para ouvir Música Popular Brasileira. Mais (para variar, não é Sérgio?), mando uma sugestãozinha: Codó. É justo e será bem-feito convidá-lo para um fim de semana. Por que não o próximo?

otelo

Peço perdão a Grande Otelo por um erro que não foi meu. Terça-feira última, a revisão aqui do jornal falhou um pouco e um troço absurdo foi publicado: eu escrevi "ele contou suas tristezas, acusou-se". E saiu "acusou-me". Não teria sido possível...

ataulfo

A coluna de Sérgio Bittencourt, terça-feira passada, noticiou que o grande Ataulfo havia composto um samba refutando minhas críticas ao seu último elepê. Trata-se de uma colher de chá que eu não esperava nem mereço, mas que agradeço bastante comovido. Nunca pensei... Enfim, obrigado ao mestre!

chico

Chico chegou de viagem com uma novidade muito interessante: na França, a música brasileira é praticamente desconhecida. Ninguém sabe de nada. E na Inglaterra só se conhece mesmo assim (pouco) Astrid, João Gilberto e Sérgio Mendes: através de gravações feitas nos Estados Unidos.

Aliás, isso confirma o que Sérgio Porto escreveu sobre o assunto em sua crítica ao LP de Tom Jobim e Sinatra.

inéditos

Compositores inéditos continuam escrevendo, querem saber o que deve ser feito para lançarem suas músicas. Já expliquei: procurem os departamentos de produção das gravadoras e cerquem os editores. Se não, dirijam-se pessoalmente aos cantores de sua preferência e mostrem as músicas. Pode ser.

coronel de macambira

Infelizmente uma total falta de tempo não me permitiu ainda assistir ao espetáculo inaugural do Tuca carioca. Soube que está bonito.

Esta semana, se Deus quiser, vou lá. E informarei aos leitores. Aliás, cheguei a ouvir algumas das músicas que Sérgio Ricardo fez para o "bumba" de Joaquim Cardoso, e já adianto que estão excelentes. Como era de se esperar, em se tratando de um trabalho de Sérgio. Outro aliás, como é bonita aquela música de *Terra em transe*! Pena que a marcha-rancho feita especialmente para o filme não tenha sido utilizada inteirinha por Glauber. É linda!

> A praça é do povo
> Como o céu é do condor
> Já dizia o poeta dos escravos,
> Lutador
>
> Outro poeta dizia
> Que até o sol se levante
> Quando na prosa em festa
> E o povo que canta!

E com isso, tão bonito, finalizo por hoje. ∎

terça-feira, 25 de abril de 1967

uma noite edificante

Enquanto a "jovem guarda" comemorava, sexta-feira última, o aniversário de seu "rei", num programa de TV transmitido diretamente de um clube da Zona Norte – e exatamente na mesma hora –, uma outra multidão lotava completamente o Teatro República e para ver coisa bem diferente. Era a nova geração do samba que se apresentava para o público universitário numa das noites mais memoráveis de nossa música popular. Era Gilberto Gil, Caetano Veloso, Sérgio Ricardo, Sidney Miller, Edu Lobo e outros compositores novos que lançavam para o *seu público* todas as suas mais recentes composições. Quem estava lá viu bem o quanto foram aplaudidos, o quanto esse público ainda prefere ouvir, como tenho dito, o som bonito de nossa música em lugar das guitarras barulhentas da chamada "música jovem".

O fato de esse espetáculo ter sido realizado – por coincidência – exatamente no mesmo dia em que Roberto Carlos também lotava outro teatro é bem interessante. Deixa claro que há atualmente no Brasil (e principalmente no Rio e em São Paulo) lugar de sobra para as duas coisas. Há público para iê-iê-iê e para música brasileira, o que a meu ver é ótimo e pode esclarecer os "caminhos" de muita gente. Refiro-me aos "pessimistas" quase adesistas, refiro-me aos *compositores com medo* que andam por aí à procura de um troço híbrido, meio iê-iê-iê, meio samba (como se fosse possível), querendo agradar a gregos e troianos, como se diz, e caminhando, assim, para a chamada "sombra".

É claro que não estou falando de Jorge Ben, Wilson Simonal e outros desse time desmoralizado que já não cria problemas a ninguém. Estou querendo falar dos Indecisos de Sousa, de bons compositores que eu conheço e vejo atualmente numa terrível baratinação, à beira de apelarem de uma vez e começarem a compor umas coisas horríveis que, de resto, já estão sendo ensaiadas.

Muita gente vai ficar surpresa se algumas canções que eu já conheço, e que estão inéditas ainda, forem lançadas daqui para a frente. Eu confesso que me surpreenderam também: tenho visto e ouvido "teorias" estranhas a respeito do troço, mas não estou querendo acreditar que os compositores a que me refiro (e são vários) deem mesmo o braço a torcer e não percam tempo, que nenhuma burrice poderá ser maior do que esta que estão querendo cometer. Por isso, o espetáculo do Teatro República, promovido pelo Tuca, me parece tão importante: os "indecisos", aos que têm medo de serem engolidos pela onda publicitária do iê-iê-iê e, assim, teorizam hoje sobre a "apelação" que prometem, eu digo que aquele público de universitários – *toda vida o público da música brasileira moderna* – não vai compreender muito bem a coisa, não vai gostar da brincadeira e vai dar no pé...

Todo o repertório de Edu Lobo, de Gilberto Gil, de Caetano Veloso, de Sidney Miller, de Sérgio Ricardo – pelo menos o repertório que lançaram até agora – tem vindo corresponder ao que esse público espera deles. Esse público que vai aos seus shows, compra os seus discos, discute a obra de cada um ou de todos. Estou citando estes compositores, porque estiveram presentes ao Teatro República. Mas o público deles é também o de Chico Buarque de Hollanda, de Francis Hime, de Ruy Guerra, de Baden Powell, de Luís Carlos Sá, de Reginaldo Bessa e de tantos outros consagrados ou que já estejam surgindo por aí.

Estou certo de que esta gente precisa continuar. Não se trata de qualquer "missão" divina ou sobre-humana, não se trata de missão alguma: trata-se de não trair. Esse verbo é forte, perdão, mas é esse mesmo. Não se pode trair um público que, em última análise, é responsável pelo que cada compositor desses chegou a ser até agora. Não se pode misturar água e óleo. Isso é ciência antiga.

Se o público do Tijuca Tênis não foi ao República, porque preferiu ouvir o iê-iê-iê de Roberto Carlos, os universitários que foram ao teatro da Gomes Freire não iriam – estou certo – ouvir seus compositores cantando bobagens (mesmo com versos lindos e harmonias melhores) em ritmos que essa gente não gosta e não quer ouvir. Não sei se fui claro. De qualquer forma, dentro em breve os leitores começarão a compreender por que estou escrevendo sobre este assunto.

E como diz meu amigo Sérgio Bittencourt, poderão escrever um bocado de nomes na cadernetinha. E riscá-los em seguida. ∎

quarta-feira, 26 de abril de 1967

uma noite edificante (2)

Não se pode dar nomes aos bois, por enquanto. Ou não se deve: ninguém sabe ao certo o que pode acontecer daqui para a frente. Falei ontem de compositores, lembrando-me da noite de sexta-feira no Teatro República, quando um público de cerca de dois mil universitários aplaudiu com entusiasmo a seis deles, que apresentavam músicas suas, e brasileiras. Conheço, por outro lado, parte das "teorias" que se vem tecendo a respeito do assunto MPB + iê-iê-iê. E imagino que muita gente, de riso afiado, estará pensando que tudo isso são asneiras de colunistas sem assunto... Ou, com boa vontade, tolices de um compositor ingênuo. Mas não é bem assim. É verdade que me preocupo com o assunto e me preocupo demais, a ponto de ter, inclusive, um certo receio de que as coisas que estou prevendo aconteçam de fato. Falei ontem em "trair" e repito: nenhum compositor de música brasileira tem direito de jogar por terra, e de graça, uma admiração que seu público tem pelo trabalho de cada um. Para dizer com ênfase maior: não se pode servir a Deus e ao Diabo. Vou escrevendo e me lembro do quanto esse assunto é perigoso: daqui a pouco terei de responder a perguntas que pessoas certamente me farão: por que esse medo? Quem são eles? Não tem importância!

Eu levo muito a sério o trabalho que posso realizar. E considero importantíssimo o papel que cada compositor novo está assumindo, hoje, na música brasileira. Exatamente no momento em que essa música, pelo trabalho deles, começa a assumir uma forma exata e livre, libertíssima – tanto de passados remotos quanto recente. A música brasileira depois da bossa nova é outra coisa – e não tenho dúvidas em afirmar que muito mais rica. Quem fez isso? Os seus compositores do Teatro República e mais alguns, seis ou sete, a que já me referi desde ontem. (Aliás, por esquecimento e na pressa de escrever, não mencionei Paulinho da Viola, sem dúvida alguma um dos mais importantes compositores da nova geração.) Do meio dessa gente não pode sair *nenhum*, porque, se não existe mais outra coisa a uni-los, pelo menos o trabalho comum a todos pode, ainda, servir de cinto de segurança.

Enfim: como falei ontem, sei que os indecisos da pátria estão tomando bobagens contra si mesmos. E com que autossuficiência, senhores... Tenho ouvido de muita gente considerações tolíssimas sobre Vinicius, que escreveu um iê-iê-iê, e Chico Feitosa, que está se dedicando ao gênero, mas isso é outra coisa. O poeta fez de fato uma musiquinha "jovem", mas não fez essa profissão de fé: a música foi composta *especialmente* para um filme, e estou certo de que Vinicius não pretende continuar na "linha". O esquisito seria se o poeta estivesse agora na faixa de Chico Feitosa, que simplesmente "apelou", sem mais delongas, ou – o pior – feito esses a que me refiro desde ontem, preparando "teorias" furadas, procurando "chaves", macetes, fórmulas para conseguir a cômoda e brilhante posição que consiste em ficar dos dois lados da moeda. Também há o problema dos cantores, que é alegado. Esse é mais inconsciente ainda, visto que nunca houve. Ou, pelo menos, nunca foi diferente. Primeiro, porque os cantores de música brasileira (poucos, como sempre) que continuam procurando repertório atualizado não pedem iê-Iê-iê. Elis Regina, Nara, Jair Rodrigues etc., para falar nos mais famosos, continuam fazendo seus discos e gravando sambas. Segundo, porque há muito tempo generalizou-se entre nós o hábito de os compositores gravarem eles mesmos suas músicas. Por que, de repente, esse problema? Não, não existe também.

Mas, para terminar: sei perfeitamente que a responsabilidade é de cada um e não poderia ser diferente. De qualquer modo, sei também que o erro de um ou dois ou três compromete todo um grupo. Embora pareça, não estou tratando o assunto em termos *apenas* morais. Há o outro lado: o da fossa não minha, mas alheia, de quem passar para o "outro lado" e depois não conseguir sequer o meio. Sobre o "outro" lado, espero poder voltar a falar, para que fique mais claro de uma vez por todas. ∎

quarta-feira, 27 de setembro de 1967

compositores e críticos

Foi em 1917 que apareceu em disco, pela primeira vez, a palavra "samba". Durante muito tempo, esse ritmo foi sinônimo e símbolo de Música Popular Brasileira. Agora talvez não seja mais: os novos compositores parecem dispostos a tomar outros caminhos e uma reação já se organiza para combatê-los. Que caminhos serão esses? E por que tem tanta gente contra? Será que

O samba acabou? Gilberto Gil acha que não. E explica: "Mudou, evoluiu. Eu, por exemplo, que comecei a compor depois que a bossa nova já havia renovado muita coisa, sinto necessidade de me atualizar ainda mais. Estamos em 1967, é preciso que as pessoas não se esqueçam disso. Pretendo utilizar instrumentos eletrônicos nos arranjos de minhas músicas, daqui para a frente. E não acho com isso que esteja 'aderindo' a coisa nenhuma como muita gente anda sugerindo. Pelo menos não estou aderindo ao que eles pensam: o iê-iê-iê, que é indiscutivelmente a música desse tempo, não me interessa como uma forma *em si* (muito forte, aliás). Não vou passar a compor iê-iê-iê, mas quero utilizar em minha música algumas de suas vantagens. Assim, 'Domingo no parque' e 'Bom-dia' serão executadas também com guitarra elétrica, no próximo festival da Record. É uma experiência pela qual assumo os riscos. Acho que vai ficar bonito".

Mais ou menos igual é a opinião de Caetano Veloso, que terá sua canção "Alegria, alegria" executada com instrumentos eletrônicos no mesmo festival. Diz ele: "É bobagem insistirem em fazer do samba uma forma para museus, morto. O samba não morreu: está crescendo. É isso o que me interessa. 'Alegria, alegria' é uma marcha, mas não é uma marcha como as que Chiquinha Gonzaga ou mesmo Lamartine Babo faziam tempos atrás. Naturalmente, sem o que foi feito antes eu não poderia fazer o que faço agora: basicamente parto da tradição.

Mas não quero ficar 'tradicional' a vida inteira. Tanto em harmonia como em letra (principalmente nessas duas), pretendo estar atualizado. Pretendo, pelo menos, pesquisar uma atualização e responder pelo que faço.

"Guitarra elétrica é um instrumento muito bonito. E desde que existe é utilizada no samba. Cresci ouvindo os trios elétricos da Bahia, que ainda hoje animam o Carnaval de lá: e nunca ninguém pensou em dizer que os trios elétricos tocam iê-iê-iê. É que esses músicos não estão cheios de preconceitos tolos, nem de medo: eles apenas encontraram uma forma excelente de animar uma festa. Assim também o violonista do conjunto de danças da Casa Grande (onde só tocam ritmos brasileiros), que toca numa guitarra elétrica. Radamés Gnatalli escreveu um concerto lindo para guitarra e orquestra. Radamés faz iê-iê-iê? Portanto está mal-informado – ou de má-fé – quem se vê com direito de 'proibir' o uso desse instrumento, em nome de uma pureza tradicional que não tem mais cabimento. Os trios de piano, baixo e bateria, como existem hoje centenas no Brasil, também não estão ligados a nenhuma tradição do samba. Noel Rosa, Pixinguinha e outros nunca o utilizaram. Mas tem outra coisa: não entendo como pessoas que se dizem críticos de música têm coragem de falar mal de uma canção que ainda não ouviram. 'Alegria, alegria', por exemplo, está inédita. Ninguém escutou ainda. Como é que sabem que tem ritmo duvidoso? E o que é, afinal, 'ritmo duvidoso'?"

Este é o panorama: quem está na ponte pode ver bem, mas quem está por dentro vê melhor. Vinicius de Moraes falou um dia desses: "Esses caras querem ser os Dragões da Independência do Samba". E, de fato, dá essa impressão. Na verdade, são reacionários. Um deles, num programa de televisão, aconselhava Gilberto Gil: "Não faça isso, Gil. Você tem talento, é bom compositor". Ou seja: os bons compositores estão na obrigação de continuar compondo como se fazia há cinquenta anos. Ora, ninguém espera por isso. E ninguém pretende uma uniformização da Música Popular Brasileira. Chico

Buarque compõe seus sambas excelentes. Edu Lobo segue o caminho que ele mesmo iniciou e, na época, talvez tenha merecido críticas desses mesmos senhores.

Francis Hime, Adylson Godoy, Sidney Miller, Geraldo Vandré e outros vão fazendo suas músicas e conseguindo impô-las, cada qual no seu estilo. Não se trata de uniformizar nada: só prosseguir. E ninguém tem obrigação de contentar os preconceitos de ninguém. Afinal, é para o povo que se faz música. O povo – o público – é que é o melhor crítico. ∎

1967: torquato conta os festivais

quinta-feira, 5 de abril de 1967

festival

De repente os festivais de música popular entraram na moda. Ora, viva! O primeiro deles, realizado em 1965 pela Rede Excelsior de Televisão, praticamente lançou e consagrou um novo autor: Edu Lobo. Mas, principalmente, serviu como passo inicial dessa mania tão saudável que já no passado "tomou conta", como se diz, do público do Rio e de São Paulo. E fizeram-se mais três festivais: outro na Excelsior, um na Record, o mais importante deles, o I Festival Internacional da Canção Popular pela Secretaria de Turismo do Rio de Janeiro.

Se o festival da TV Record teve o mérito de consagrar Chico Buarque e Geraldo Vandré, de fato dois dos mais importantes compositores da nova geração, a promoção oficial do estado da Guanabara foi mais longe, muito mais longe. Não quero discutir as músicas premiadas ali, nem concluir disso os méritos do Festival Internacional. Aquele foi mais importante por outros motivos. Antes de mais nada, porque trouxe ao Rio compositores e intérpretes de mais de vinte países que, aqui, entraram em contato direto com compositores e intérpretes brasileiros, com a melhor música brasileira, desconhecida praticamente por todos eles. Mancini, por exemplo, declarou na época, a jornalistas: "Nos Estados Unidos, somente se ouve falar de Tom Jobim. Todos pensamos que a música brasileira fosse a música de Tom Jobim, e no entanto, estou vendo que não: há músicos excelentes, excelentes mesmo que somente agora estamos conhecendo".

Não estou inventando: eu ouvi isto de Mancini na noite em que ele foi ao Cangaceiro assistir ao show de Gilberto Gil e Vanda Sá. É só um exemplo, que estou citando devido à importância do declarante. Poderia citar mais dezenas de outros: Mandell, Livingstone, Sedoi e muitos outros. Aliás, eles deram entrevistas a jornais e revistas cariocas afirmando sempre o mesmo espanto: é rica e bela a música brasileira.

Desse conhecimento, nasceu algo mais importante ainda: a oportunidade de introduzir a nossa música no mercado internacional.

Não adianta que o jornalista Tinhorão ache isto absurdo de "entreguista". Na verdade, a música brasileira deve ser ouvida nos outros países e, para tanto, necessita de quem a promova lá fora. Mandemos nossas "caravanas" de artistas. Mas se Mancini volta aos Estados Unidos afirmando, como o fez já também, que a música brasileira deve ser ouvida pelos americanos, tenho a impressão de que o resultado será muito mais eficiente – e rápido.

Tudo isso vem a propósito de notícias que estão sendo divulgadas pela imprensa, segundo as quais o II Festival Internacional da Canção estaria na dependência de ajuda federal para ser realizado. É uma pena. Evidentemente, os custos de uma promoção da envergadura de um Festival Internacional são altíssimos e não trazem resultados muito compensatórios ao Governo.

Isto é claríssimo e, quando o Governo da Guanabara se dispôs a realizar o festival do ano passado, sabia disso muito bem. Agora a situação mudou um pouco, choveu mais e os cofres do Estado – parece – não podem arcar sozinhos com a despesa. Eu disse que é uma pena estarmos na dependência de ajuda federal, e é mesmo. Não porque se possa afirmar, desde logo, que o Governo recém-empossado se negue a colaborar.

Mas porque, de qualquer forma, a dificuldade nova pode, sei lá por quais motivos, impedir a realização do II Festival. O dr. Augusto Marzagão tem cartas garantindo a presença de figurões da música internacional, inclusive (quem sabe, não é?) de Frank Sinatra, que estaria no júri. Se essa gente demonstra interesse em vir ao Rio, se a imprensa norte-americana e europeia já anuncia a realização, em outubro, do Festival Internacional, é porque o primeiro funcionou. Ao contrário, por exemplo, do que aconteceu com o Festival de Cinema, que ficou entre nós e assim mesmo sem deixar grandes recordações.

Amanhã, voltarei a falar no assunto. ∎

terça-feira, 23 de maio de 1967

três tópicos

1 - festivais

Já estão abertas as inscrições para os dois mais importantes festivais de música popular deste Eldorado. Digo, deste Brasil. De modo que os compositores (inéditos, atenção!) terão novamente oportunidade de mostrar o quanto valem.

Isso de festival, que entrou na moda (e graças a Deus vai ficando), é, sem dúvida, um troço importantíssimo para a divulgação de nossa melhor música popular, nesses tempos difíceis de erasmos e vandecas. Ajuda muito, promove o artista e sua obra o leva diretamente ao público, num clima de comoção que todas as disputas provocam, o trabalho de quem (perdão) está realmente trabalhando.

Assim, embora os resultados sejam às vezes discutíveis, a grande importância dos festivais, apesar deles, não sofre nenhum abalo e continua enorme. Já escrevi aqui, faz algum tempo, sobre o assunto; estou voltando a ele, neste primeiro tópico de hoje, devido ao noticiário que informa sobre a abertura das inscrições, tanto para o festival da TV Record de São Paulo quanto para o II Festival Internacional da Canção, da Secretaria de Turismo da Guanabara.

Aliás, no que diz respeito a este último, quero chamar a atenção da opinião pública para um fato incrível: comenta-se (e Mister Eco, aí ao lado, já informou) que politicagens de gabinetes procuram afastar o sr. Augusto Marzagão da superintendência do certame. Eu disse "um fato incrível", e é, exatamente porque Marzagão, no que se sabe, foi o responsável maior pela realização, pela organização impecável e pelo êxito incontestável do I Festival, além do que – quase sozinho – batalhou pela realização deste segundo, ameaçado que estava de ser "transferido", sabe Deus por quais motivos. Em minha opinião, a imprensa especializada (a honesta) não pode furtar-se à denúncia deste fato.

A gente torce para que o festival seja levado a cabo – mas principalmente porque acompanhamos o do ano passado e aprendemos ali que a mão segura do sr. Augusto Marzagão é que pode novamente, melhor do que quaisquer outras, conduzi-lo com tranquilidade pelo rumo do êxito.

(Um parênteses: a quem interessar, não sou amigo do sr. Marzagão. Até hoje estive em sua presença apenas uma vez, quando amigos comuns nos apresentaram e nos cumprimentamos apenas cordialmente. Não há, portanto, outros interesses.)

2 - opinião de gil

"É necessária a imediata institucionalização de um novo movimento da música brasileira, a exemplo do que foi feito com a bossa nova." E não transcrevo mais porque a importantíssima entrevista de Gilberto Gil, na qual ele desenvolve esse tema aí de cima, foi publicada aqui mesmo no *JS*, há dois dias.

Vale, no entanto, comentar as declarações do baiano. Estou envolvido também nesse movimento e não digo isso para me dar importância, mas porque o fato me coloca mais ou menos por dentro do assunto. Desse assunto, um problema aliás, que se resolvido poderá trazer condições profissionais inteiramente novas para o compositor e para o intérprete da música brasileira moderna.

Gil fala numa institucionalização: ou seja, a partir de uma identificação de interesse e dúvidas e certezas e problemas, os compositores chegaram ao momento grave da definição. Definidos, passam agora à chamada fase principal, de organização do trabalho em planos de verdadeira luta. E não me venham pensando que se trata de tolices do tipo luta contra o iê-iê-iê ou congêneres. É muito mais grave uma luta a favor, contra coisa nenhuma. Uma tomada de posição frente a um público que, de repente, precisa e exige definições de seus artistas; precisa e exige maior atenção.

Esta atenção, na opinião de Gil e na opinião de todos nós, somente poderá ser dispensada através da institucionalização de um verdadeiro movimento. Isso, Gilberto está tentando organizar.

E porque conheço o baiano e conheço o pessoal disposto a trabalhar, acredito com firmeza no êxito da iniciativa. Aguardem. Divulgarei daqui tudo o que for acontecendo.

3 - a noite

Aos poucos, aos poucos, a música brasileira dá a impressão de ir perdendo terreno no movimento noturno desta cidade de São Sebastião. É um fenômeno que exige explicações detalhadas e muito grandes, impossíveis de serem dadas neste pequeno tópico. Mas o fato é que a juventude dos grandes centros prefere, hoje, ir às boates para dançar os novos ritmos internacionais da moda. Isto, a meu ver, é sadio. Muito sadio mesmo e mais: um fenômeno de nossos tempos, não apenas justificável mas até louvável.

Tenho falado de iê-iê-iê nesta coluna e sempre com mau humor. Justifico dizendo que realmente considero muito imbecilizante o iê-iê-iê que se faz no Brasil, um iê-iê-iê (como tudo, aliás) subdesenvolvido e macaqueante. Mas isso fica pra depois. Estava falando do movimento nas casas noturnas. E, no presente momento, apenas duas casas resistem: o Rui Bar Bossa e a Casa Grande. Estão sempre cheias. O Zum-Zum, conforme já foi amplamente noticiado, mudou de ramo. Mas anuncia-se a abertura de uma grande cervejaria, nos moldes da Casa Grande: e anuncia-se, para ela, a realização de shows diários. Mas ainda: shows de música brasileira. Quer dizer que nem tudo está perdido: umas vão fechando, outras (maiores) vão abrindo. Com isso, teremos mais lugares no salão. Nós, que podemos ir ao Bateau dançar um pouquinho, mas que também achamos ótimo ouvir os grandes artistas de nossa melhor música. ■

terça-feira, 13 de junho de 1967

vai fazer um ano!

Há pouco tempo, escrevi para um jornal universitário de São Paulo um artigo que resumia a minha opinião a respeito deste assunto vastíssimo e muito empolgante; e que deve ser feito agora em Música Popular Brasileira. Foi algum tempo após o estouro de "A banda", de Chico Buarque, e de "Disparada", de Geraldo Vandré. E eu pensava ainda que o assunto pudesse ser resumido em poucas laudas de considerações rápidas. É verdade que algumas das minhas previsões (as mais pessimistas, diga-se) estão sendo confirmadas. Disse que não adiantaria apelar, não daria em coisa alguma fazer "O coreto" porque Chico fizera "A banda", nem "O estouro da boiada" porque Vandré conseguira êxito com sua esplêndida "Disparada". Disse em vão, e não poderia supor que estava escrevendo qualquer coisa, para ser objetivamente tomada a sério, principalmente por quem faz música popular no Brasil, esta classe desunida e baratinada que ainda não atravessou o tempo do amadorismo.

Mas isto é outra história. O que interessa é que "A banda" fez escola, e bem ruinzinha. O que interessa é que a maior parte dos compositores preferiu sair na onda, e jogar para o lado aquele preceito tão saudável da pesquisa como elemento decisivo na evolução de um processo cultural qualquer. E, de repente, depois de "A banda", de "Disparada", de "Procissão" e do "Ensaio geral", uma nova crise já se desenha.

A isso – estou cansado de dizer aqui que o público sabe reagir. Quero dizer mais: a pequena história de nossa música popular cheinha de exemplos que podem esclarecer a quem se preocupar seriamente com o problema. Enquanto não se renovar completamente, institucionalizando esta renovação e mantendo um nível de criação à altura, pelo menos, dos anteriores, a famosa crise continuará, e aos poucos irá se agravando.

As pessoas se reúnem e discutem o problema. Mas os entendimentos não chegam a ultrapassar um círculo muito limitado, de no máximo cinco ou seis compositores. Não adianta insistir, devemos ir para casa e trabalhar sozinhos sem querermos aceitar a lição tão milenar quanto justa de que a união faz a força. Como querem uns e outros lutar contra isso ou aquilo, se ninguém se incomoda em lutar a favor de um entendimento comum, que somente ele poderia dar condições para que se fizesse qualquer coisa de dentro para fora?

Não preciso dizer nomes, mas quem sabe, porque estamos preocupados com o andamento deste processo suicida.

Não se pode – repito – resumir nada disso em poucas laudas; não adianta ficar pensando que o público que ouve música popular brasileira é imbecil, porque não é. Nem adianta considerar a famosa liberdade de criação como o troco que pode justificar a desunião em torno de um objetivo que é – claro, claro – comum. O que se pretende? Até quando se vai ignorar que os universitários e estudantes médios desse país, que é a massa maior de público de que dispomos, vive um outro processo muito significativo de politização, de formação cultural etc. etc.? E que ignorar isso é decretar a morte de um movimento que nem sequer chegou a ser estruturado, existindo apenas na imaginação e na boa vontade de uns poucos? De que adianta – eu quero saber – repisar bobagens neorrealistas em tema de canções para um público que, gradativamente, vai ultrapassando esta fase chinfrim exigindo do trabalho de cada um de nós uma resposta à série de perguntas que eles nos fazem? Não se trata – pelo amor de Deus – de um manifesto pró-música de protesto. Não me entendam mal: Paulinho da Viola, falando lúcida e francamente sobre o amor, está mais por dentro do que se precisa fazer do que a maior parte das pessoas podem supor. E eu não sou profeta, nem sou inteligentíssimo: estou apenas observando um caminho maltraçado que vai levar o talento de muita gente para o caldeirão da bobagem bem paga, de sucessinho para três meses, os universitários que vão às nossas apresentações em teatros, que compram nossos discos, que esperam uma resposta à altura de suas indagações?

Essa gente sabe o que quer. E não quer "O coreto" nem "O estouro da boiada", porque Chico e Vandré já resolveram este problema. O resto vai para o lixo. ∎

sábado, 26 de agosto de 1967

geral & geral

E no mais é o que se vê: um movimento que não se organiza, e que existe apenas na boca (e no pensamento?) de pessoas ingênuas. Um ambiente cada dia mais esquisito, os gestos caóticos, os ânimos tensos. Não sei não, mas sou capaz de jurar como muita coisa surpreendente está para acontecer pelos terrenos baldios de nossa Música Popular. E talvez comecem logo, agora, pelos festivais – ou mais precisamente, no festival mais importante (porque mais popular), o da TV Record. Nenhuma lista oficial foi divulgada ainda com os nomes das canções selecionadas para a disputa oficial. Mas de muita coisa já se sabe, e já se fala claro em São Paulo. Pixinguinha, Elton Medeiros e outros teriam sido postos de lado: o número de marchinhas inscritas e selecionadas seria qualquer coisa de gigantesco e, dos compositores mais em evidência, Caetano Veloso, Chico Buarque, Gilberto Gil e Geraldo Vandré teriam apresentado as músicas mais fortes: dois baiões, um samba e uma marcha. São notícias que a gente vai sabendo, conversas que circulam pelos corredores da Record e pelos bares da Galeria Metrópole.

Aqui, o dr. Marzagão declara-se pouco entusiasmado com as composições inscritas por esses mesmos compositores, e garante que de Minas e de São Paulo teriam chegado as grandes surpresas para o júri e o público do Maracanãzinho. Parece que o pessoal preferiu guardar o que tinha de melhor para a Record, e deixar no Internacional os trabalhos da entressafra. Não acredito, mas vá lá. Bom mesmo é que virão Jacques Brel, Quincy Jones, Sodoviev Sedoi, Mancini novamente, Udo Jürgens e mais uns tantos nomes internacionais de gabarito. Esse pessoal, como aconteceu no ano passado, vai ouvir música brasileira, vai gostar do que se canta por aqui e vai divulgar isso tudo lá por fora.

E ninguém se organiza, ninguém faz questão de compreender que união é boa coisa e sempre resulta mais eficaz do que isso que se está vendo. Uma bagunça!

Eu queria saber o que seria disso tudo se não houvesse os festivais, a única coisa que consegue chamar as atenções de todos, de uma só vez, uma vez por ano. Aí, o clima de disputa é bom, chega quase a ser sadio. Mas passa tão depressa, e o que fica depois é apenas a glória de um ou dois ganhadores, e o trabalho solitário e desorganizado de todo o resto. Até o próximo ano, se o Paulinho Machado de Carvalho e o Governo da Guanabara ainda estiverem dispostos as fazer mais festivais...

Os ingênuos abrem a boca e se declaram movimentados. Mas quem se movimenta no vácuo? Gilberto Gil que o diga: não faz tempo, ele tentou. E não conseguiu nada. Muito pelo contrário, pois contou com a desconfiança geral.

Isso tudo sem falar nos chamados "órgãos governamentais". Aí então nem se fala e está proibido pensar sobre o assunto. A música brasileira não encontrou ainda um governo que se dispusesse a promovê-la sistematicamente no exterior. Se o Festival da Canção faz isso, em parte, faz apenas aqui dentro, convidando músicos e intérpretes estrangeiros para visitar-nos. Lá fora, quem quiser que vá sozinho, e Michel Simon que o diga: há séculos o bom velhinho francês nos divulga na Europa, mas por conta própria, por amor e muita abnegação. Nem as passagens para suas viagens anuais ao Brasil, onde vem colher material, lhe são oferecidas pelo Itamaraty, que tem um Departamento Cultural para cuidar dessas coisas. Até mesmo aquelas comissões da alegria, criadas por força de um projeto do então deputado Humberto Teixeira, não são mais realizadas. Ninguém pensa que música também pode dar divisas... Mas quem está pensando em divisas?

E leio por aí que uma nova dupla – Ellen e Luís – teria gravado o "Carinhoso", de Pixinguinha e João de Barro, num arranjo moderninho. Isso me espanta e fico me perguntando se não estarei também sendo ingênuo demais. Mas é desrespeito. Juro que é. Se querem gravar músicas moderninhas, por que diacho não fazem, ou mandam fazer? O que tem Pixinguinha a ver com isso? E o Conselho Superior de Música Popular Brasileira, do famoso Museu da Imagem e do Som, não diz nada? Que conselho é esse? Imagino o meu irmão e poeta

Hermínio Bello de Carvalho ouvindo esse tal disquinho. Não, não dá pra entender. É desrespeito.

Aliás, não sei que sintomas são esses, não entendo o que querem dizer; compositores que faziam sambas compondo iê-iê-iê e cantores de iê-iê-iê gravando sambas... em ritmo de iê-iê-iê. Acabamos?

Ou não? Será a famosa "atualização", a que devemos nos submeter? ▪

sábado, 16 de setembro de 1967

sobre os festivais

E estão quase chegando os festivais. De longe, a gente vai assistindo o desenrolar dos acontecimentos, ouvindo as fofocas e – se quiser e conseguir – formando algum juízo. Difícil. Lá por São Paulo as coisas correm normalmente. A comissão encarregada de selecionar 36 finalistas pela direção da Record já concluiu há dias o seu trabalho (que não foi contestado nem modificado por ninguém, diga-se), e agora a opinião pública está sendo trabalhada, através de intensa campanha, para receber e – a seu modo – julgar as canções classificadas. Há favoritos, fala-se. E os jornais vão apontando: Gilberto Gil, Geraldo Vandré, Edu Lobo, Caetano Veloso, fulano, beltrano, sicrano. Na verdade, ninguém sabe de nada, ninguém é favorito ainda, enquanto as músicas permanecem rigorosamente inéditas. É tudo palpite – e que me perdoe o colega Eli Halfoun.

Lá em São Paulo, portanto, vai tudo bem, em santa ordem. O que não está acontecendo por aqui, salvo melhor juízo. Pois os jornais estão aí mesmo dando conta do movimento, contando diariamente o que vai acontecendo de novo e de atribulado em nosso Festival Internacional da Canção. Seria dificílimo fazermos agora (se o quiséssemos, naturalmente) um balanço geral da fofocagem reinante. Porque tanta coisa tem acontecido de anormal que nem o dr. Carlos de Laet, autoungido crítico musical, poderia desmentir. Ou não aconteceu nada do que se tem ouvido falar? Uma comissão não foi desmoralizada? A mesma comissão (exceto o crítico Ary Vasconcelos e, anteontem, a musicóloga Geny Marcondes) não ficou caladinha, sem protestar publicamente por nada? Enfim, não estamos, quando nos dispomos a examinar esse festival, de frente para um amontoado de irregularidades, de frente com uma interminável bagunça?

Não vai nisso – porque não há motivo para ser *apenas* assim – nenhuma implicância com o secretário Laet nem com o dr. Marzagão; com ninguém, pessoalmente. O que está errado *é tudo*, o que está errado é que todos tenham consentido em que o Festival Internacional da Canção tenha se transformado em ambiente de maquinações políticas, pretendidas ou conseguidas, não interessa. De modo que a opinião pública tem, agora, todas as razões do mundo para desconfiar dessa promoção da Secretaria de Turismo e, desconfiando, não lhe dar grandes apoios. Ou nenhum.

Amanhã à tarde, na casa do compositor Mário Teles, cerca de vinte concorrentes insatisfeitos com o andamento dos "trabalhos" no II FIC devem reunir-se para examinar os fatos e decidir se continuam ou não com suas músicas inscritas. À frente deles está o compositor Roberto Menescal. Numa reunião realizada com o secretário Laet, quarta-feira última (os jornais noticiaram), Menescal expôs claramente seu ponto de vista: somente deixaria sua música concorrer se o secretário Laet voltasse atrás e mantivesse a primeira resolução da Comissão Selecionadora. Ao que tudo indica, Menescal não está sozinho, mas lidera uma ala de compositores insatisfeitos.

Isso dá conta, bem claramente, da desorganização reinante no II FIC. Não houvesse acontecido tanta coisa irregular, nada disso estaria sendo cogitado agora. Que sirva de lição para os próximos anos, se é que nos próximos anos o Governo da Guanabara ainda estará disposto a realizar um Festival Internacional da Canção. Sem classificação obrigatória de compositores oficiais... ■

segunda-feira, 1 de outubro de 1967

torquato conta o festival

Com a apresentação ontem das primeiras doze semifinalistas, teve início em São Paulo o III Festival da Música Popular Brasileira. É a grande promoção anual da TV Record e o mais importante de todos os festivais que se realizam atualmente no Brasil. Nossos mais importantes compositores mandaram para lá suas melhores canções: dia 23 de outubro as vencedoras serão proclamadas. E conheceremos.

O dono do sucesso. E, ao contrário do que aconteceu no ano passado, quando "A banda" e "Disparada" foram apontadas desde o início como as prováveis vencedoras, este ano o festival não apresenta nenhuma favorita. Várias surpresas podem acontecer e uma explicação é dada pelo coordenador do certame, Solano Ribeiro: "O nível geral das músicas concorrentes está altíssimo. Na verdade, qualquer das canções selecionadas pode ganhar a Viola de Ouro. E teremos, de qualquer modo, uma grande vencedora".

E Paulinho Machado de Carvalho, diretor da Record: "Exatamente na mesma medida da grande importância cultural do festival – e para que ele cumpra com eficiência esta finalidade – é que sua organização é mantida num nível rigidamente profissional. Tudo é cuidado e preparado com os mínimos detalhes. Corrigimos falhas das anteriores, aceitamos sugestões novas, procuramos cercar sua realização de todos os cuidados, evitando qualquer deslize que possa fazer com que o festival caia no descrédito do público e dos artistas, compositores ou intérpretes. Isto garante o seu êxito e responde pela eficiência dos seus resultados: as canções vencedoras são realmente os maiores sucessos da Música Popular Brasileira em todo o ano".

Grande parte dos compositores selecionados este ano é composta pelos mesmos que concorreram e conseguiram ou não atingir a grande final de 1966. Assim: "Roda viva" é de Chico Buarque de Hollanda, "Maria, carnaval e cinzas" é de Luiz Carlos Paraná, "Bom-dia" é de

Gilberto Gil e Nana Caymmi, "Ela felicidade" é de Vera Brasil, e "Ponteio" é de Edu Lobo e José Carlos Capinam.

Todas estas foram apresentadas ontem. E, além delas, nos próximos dias 6 e 14, teremos composições de Roberto Menescal ("Rua antiga"), Dori Caymmi e Nelson Motta ("O cantador"), Adylson Godoy ("Manhã de primavera"), Gilberto Gil ("Domingo no parque"), Sidney Miller ("A estrada e o violeiro"), Francis Hime e Vinicius ("Samba de Maria"), Geraldo Vandré e Hilton Acioli ("Ventania"), Caetano Veloso ("Alegria, alegria"), Sérgio Ricardo ("Beto bom de bola") e outros veteranos de outros festivais.

Entre os compositores novos, que praticamente surgirão agora, estão os paulistas Sonia Rosa ("E fim"), Renato Teixeira ("Dadá Maria"), Vitor Martins ("Cantiga de suíno" e "Belinha", em parceria com Toquinho), os baianos Tomé ("A moreninha"), Alfredo Mota Neto ("Brinquedo") e Antonio Marques Pinto ("Festa no terreiro de Alaketu").

Ainda Solano Ribeiro: "Revelar novos autores de Música Popular Brasileira e consagrá-los é, talvez, a maior de todas as finalidades do festival. E, de certa forma, isto vem acontecendo desde que Edu Lobo ganhou o primeiro prêmio em 1965. Em 1966, o sucesso de 'A banda' e de 'Disparada' consagrou Chico Buarque de Hollanda e Geraldo Vandré. Isto, entre os vencedores. Mas mesmo entre os que apenas chegaram à finalíssima, o fato vem ocorrendo e há vários nomes neste caso: Sidney Miller (1965), Gilberto Gil, Caetano Veloso, Luiz Carlos Paraná, José Carlos Capinam, Paulinho da Viola etc.".

A música de Chico, classificada ontem, começa assim: "Tem dias que a gente se sente/ como quem partiu ou morreu/ a gente mudou de repente/ ou foi o mundo então que cresceu/ a gente quer ter voz ativa/ no nosso destino mandar/ mas eis que chega a roda viva/ e carrega o destino pra lá". A de Edu Lobo e José Carlos Capinam: "Era um era dois era cem/ era o mundo girando e ninguém/ que soubesse que eu sou violeiro/ que me desse o amor ou o dinheiro". A de Gilberto Gil e Nana Caymmi: "Madrugou, madrugou/ a mancha branca do sol/ acorda, meu amor/ que o dia já levantou/ acorda meu amor/ a usina já tocou/ bom dia, é hora/ de trabalhar meu amor".

Uma novidade deste festival é que muitas das canções classificadas serão defendidas por seus próprios autores. Ainda ontem, Chico Buarque, Edu Lobo e Nana Caymmi apresentaram "Roda viva", "Ponteio" e "Bom-dia", respectivamente. Gilberto Gil cantará "Domingo no parque", Caetano Veloso vai defender "Alegria, alegria", Adylson Godoy defende "Manhã de primavera", Sidney Miller vai cantar sua "A estrada e o violeiro" ao lado de Nara, e Demétrius, classificado com "Minha gente", defenderá ele mesmo a sua canção.

E está iniciada a guerra. Somente no próximo dia 23 conheceremos os vencedores. Vamos ver um bocado de coisas, inclusive como o público reagirá à canção de Caetano Veloso, que ele defenderá acompanhado por guitarras elétricas. Gilberto Gil também vai usar guitarra. E Geraldo Vandré. Os "Dragões da Independência do Samba" (também chamados de "os precursores do passado") são contra. Mas isso é outra guerra. ∎

1968: tropicalismo

tropicalismo para principiantes

Um filme, chamado *Bonnie and Clyde*, está fazendo agora um tremendo sucesso na Europa. E com uma força tão grande que sua influência estendeu-se à moda, à música, à decoração, às comidas e aos menores hábitos das pessoas. São os anos 1930 que estão sendo revividos. Bem por dentro dessa história e à procura de um movimento pop autenticamente brasileiro, um grupo de intelectuais reunidos no Rio – cineastas, jornalistas, compositores, poetas e artistas plásticos – resolveu lançar o *Tropicalismo*. O que é?

Assumir completamente tudo o que a vida dos trópicos pode dar, sem preconceitos de ordem estética, sem cogitar de cafonice ou mau gosto, apenas vivendo a tropicalidade e o novo universo que ela encerra, ainda desconhecido. Eis o que é.

Porta-voz do Tropicalismo, por enquanto, é o jornalista e compositor Nelson Motta, que divulgou esta semana, num vespertino carioca, o primeiro manifesto do movimento. E fazem parte dele, entre outros: Caetano Veloso, Rogério Duarte, Gilberto Gil, Nara Leão, Glauber Rocha, Carlos Diegues, Gustavo Dahl, Antônio Dias, Chico Buarque, Walter Lima Jr. e José Carlos Capinam.

Estão sendo esperadas em São Paulo e é possível que Rogério Duprat, Júlio Medaglia e muita gente mais (os irmãos Haroldo e Augusto, Renato Borghi etc.) tenham suas *inscrições* efetuadas imediatamente. O papa do Tropicalismo – e não poderia faltar um – pode ser José Celso Martinez Corrêa. Um deus do movimento: Nelson Rodrigues. Uma musa: Vicente Celestino. Outra musa: Gilda de Abreu.

O Tropicalismo, ou Cruzada Tropicalista, pode ser lançado qualquer dia desses numa grande festa no Copacabana Palace. A piscina estará repleta de vitórias-régias e a pérgula enfeitada com palmeiras de todos os tipos. Uma nova moda será lançada: para homens, ternos de linho acetinado branco, com golas bem largas e gravatas de *rayon* vermelho; as mulheres devem copiar antigos figurinos de Luiza Barreto

Leite ou Iracema de Alencar. Em casa, nada de decorações moderninhas, rústicas ou coloniais. A pedida são móveis estofados em dourado e bordô, reproduções de Oswaldo Teixeira e Pedro Américo, bibelôs de louça e camurça, retratos de Vicente Celestino, Emilinha Borba e César de Alencar. Nada de Beatles, nada de Rolling Stones. E muitos pufes, centenas de almofadas.

O Dia das Mães, o Natal e o Réveillon do Jaguar serão as grandes festas do Tropicalismo, que exige eventos e efemérides; 25 de agosto é data importantíssima, ninguém perderá uma parada de 7 de Setembro. Desfile de escolas de samba (em cadeiras numeradas) e o baile do Municipal são obrigatórios. Revistas de Gomes Leal, shows de Carlos Machado e filmes de Mazzaropi serão assuntos discutidíssimos. Cinerama também. Um ídolo: Wanderley Cardoso. Uma cantora: Marlene. Um intelectual: Alcino Diniz. Um poeta: J. G. de Araújo Jorge. Um programa de TV: "Um Instante, Maestro!". Uma canção: "Coração materno". Um gênio: Chacrinha.

E daí para a frente. Aliás, os líderes do Tropicalismo anunciam o movimento como:

super-pra-frente.

– É brasileiro, mas é muito pop.

O que, no fundo, é uma brincadeira total. A moda não deve pegar (nem parece estar sendo lançada para isso), os ídolos continuarão os mesmos – Beatles, Marilyn, Che, Sinatra. E o verdadeiro, grande Tropicalismo estará demonstrado. Isso, o que se pretende e o que se pergunta: como adorar Godard e *Pierrot le fou* e não aceitar Superbacana? Como achar Fellini genial e não gostar de Zé do Caixão? Por que Mariaaschi Maeschi é mais místico que Arigó?

O Tropicalismo pode responder: porque somos um país assim mesmo. Porque detestamos o Tropicalismo e nos envergonhamos dele, do nosso subdesenvolvimento, de nossa mais autêntica e imperdoável cafonice. Com seriedade. ■

torquatália III*

1 - na geleia geral brasileira, um monumento pop-tropicalista é fotografado em vila isabel, rio de janeiro. tem como pedestal uma passeata reivindicatória de estudantes universitários (i.e. pequeno-burgueses), e por cume o recorte em tamanho natural de um soldado da pm com suas máquinas. a polícia dispersa o pedestal a tiros. A Praça é do Povo. Derrubar as prateleiras e as estátuas: sim.

2 - a tropicália é o que for preciso. alguém o fará. o assobio não me interessa; a canção que o povo canta (c.f. vandré & etcétera), é pouca e frouxa e não importa: a mãe da virgem diz que não. e não.

3 - mas ninguém escapa de uma boa cantada?

4 - na geleia geral brasileira, a repressão é um fenômeno muito mais amplo do que geralmente se vê. na música popular brasileira (1968), a repressão é absolutamente evidente: ninguém, a bem da verdade, esconde o seu jogo. estamos todos ao redor da mesa, a mesma mesa, e somos vistos. pois: é preciso *virar a mesa* (hélio oiticica).

5 - e somos, baby. por detrás dos vidros e do vídeo somos vistos e julgados. tropicália/marginália. mas você não vê que o buraco fica mais embaixo e por isso estamos aí, bicho. a tropicália é a medida mais justa do possível, no coração surrealista do brasil. porque é a opção mais natural e ampla.

6 - escolho a tropicália *porque* não é liberal mas porque é libertina. a antifórmula superabrangente: o tropicalismo está morto, viva a tropicália. todas as propostas serão aceitas, menos as conformistas. (seja marginal). todos os papos, menos os repressivos (seja herói). e a voz de ouro do brasil canta para você.

* Texto publicado no jornal O *estudo*, do colégio São Fernando (Rio de Janeiro), editado por Ivan Cardoso.

7 - soy loco por ti, américa. pela vereda tropical eu vou, em busca da vereda tropical. ainda sem lenço/sem documento, inédito, anônimo e livre. exercito minha liberdade possível, pois para isso fomos feitos. e canto todos os hinos no banheiro, para não cair em tentação. viola enluarada! a tropicália é pornográfica, como convém. vitrola enxovalhada! varíola. e não me visto de bom-moço, porque o mundo é muito novo em latino américa. ■

cinepoesia

Você me chama
eu quero ir pro cinema
você reclama
meu coração não contenta

cinemateca
cruz (câmera)

Entre cenários novos e antigos, ruelas, do bangue-bangue de Cinecittá, o europeu Jean-Luc Godard segurou o cotovelo do brasileiro Glauber Rocha e pediu:

— Roda um plano do meu filme.

O brasileiro segurou a mão do amigo.

— Não, Jean-Luc. Vou fazer um filme do terceiro mundo na África.

O outro insistiu:

— Vem Glauber. Ajuda-me a destruir o cinema.

E Glauber Rocha deu um rodopio sobre o calcanhar esquerdo.

— Corta essa, boneco. Estou noutra. Quero é construir o cinema fora da Europa. Lá bas, saca?

Meninos, eu vi esse papo render. Pelas cozinhas de Ipanema e em todos os botecos do Brasil, eu vi esse papo render: entrevistas, discussões a ferro e brasa, contestação da contestação pela contestação, o novo industrial, em pânico, a consciência em chamas, o rosário dos suicidas. Entrava pela noite adentro e, mais tarde, amanhecia no mesmo lugar. Não foi mole, rendeu o quanto pôde, mixou aos poucos.

Mixou bem devagar, embora a toque de caixa. Aconteceu que Glauber consentiu em aparecer numa sequência do filme que Godard rodava para os italianos, o badalado e inédito *Vento do leste*. E se os *Cahiers* publicaram, posso contar aqui.

Vem Glauber Rocha, por uma estrada poeirenta. Em primeiro plano, a estrada termina numa encruzilhada onde uma adolescente espera pelo cineasta com uma câmera Arriflex nas mãos. Aproxima-se, entrega-lhe a câmera e pergunta, muito doce: "Para onde marcha o cinema político?". Glauber recebe a oferenda e responde cantando o refrão da cantiga de Gilberto Gil e Caetano Veloso:

Tudo é perigoso

Tudo é divino-maravilhoso.

E parte. Rodado o plano, Godard ficou curtindo ao lado de Cohn-Bendit e Glauber Rocha seguiu para a África, muito a fim de fazer *O leão de sete cabeças*. Depois foi para os arredores de Barcelona e filmou *Cabeças cortadas*, com o qual desafiou a ira das esquerdas críticas francesa e italiana, seu pedestal, no festival antigamente contestatório de Veneza.

Ah, eu vi. E foi tudo por aqui mesmo, enquanto as cucas fundiam e o cinema novo se desfazia em transas com a indústria barra-pesada, em transas com a história malcontada (e por que contá-la?) dos herdeiros de uma massa falida, em transas pela marginália da grande cidade, em transas com o novo lixo do curtume nacional, em transas, transas, transas. Um barato.

Outro barato: tocaram o apito do fim do recreio exatamente enquanto a moçada descobria, como uma pancada na nuca, que o cinema tem o seu lado. E enquanto Godard fechava o papo europeu, fundindo a cuca para suicidar-se à romântica, Glauber, nossa prata da casa, procurava e não podia encontrar soluções para os amigos febris deste lado do mar, entre a cruz e a câmera na mão. Salve-se quem puder etc. e tal, e agora é o que se vê: adeus ideologia dos três mosqueteiros, adeus que não tem mais jeito. Cada um por si e pronto: uma câmera na mão e uma tese à guisa de desculpa. Quem pediu?

Agora os fatos com seus números. Cento e vinte e dois filmes brasileiros foram produzidos e lançados em circuitos exibidores do eixo Rio-São Paulo-Belo Horizonte no ano passado. Ao lado desses e já devidamente saudados, estudados e badalados pela revista oficial do INC um número impreciso de filmes marginais também veio à tona em exibições mais ou menos regulares da Cinemateca do MAM (Rio). Em 1971, o quarto continua crescente: mais de duzentos filmes devem ficar prontos e lançados ou à espera de lançamento até dezembro. A indústria, naturalmente, vai permitir a abertura de uma brecha para o seu subterrâneo e a produção de filmes malditos, exibíveis ou não, deve crescer na mesma proporção em que os produtos enlatados forem entregues à distribuição. Entre os restos de uns e a glória de outros, o cinema brasileiro segue o curso normal do cinema: cresce e brilha, aparecerá. E o cinema novo (alguma novidade?) caiu do galho e foi ao chão. Como se diz: já era...

Em meio à arrancada geral, Glauber Rocha, muito vivo, também se arrancou – mesmo quando veio já havia se arrancado. Agora já foi. Pode transar à vontade por aí. Pode até voltar: já não será mais a velha sopa de colher para os meninos. Ou será, ou não será – não interessa mais. Glauber foi o cineasta máximo da consciência brasileira em transe e isso já passou, bonecos. Agora respondam: quem será, onde se esconde o cineasta bem-fornido do desenvolvimento nacional? As inscrições estão abertas. Na Embrafilme. E é pra já.

12 de junho de 1971 ∎

palavra de glauber

Notícias do lado de fora: Glauber Rocha está no Peru, Glauber Rocha está no Chile, Glauber Rocha está na Inglaterra, Glauber Rocha está em Nova York, Glauber Rocha está em Roma, Madri, Porto Rico, Aman, Filadélfia. Glauber Rocha esteve em Nova York e deu entrevista longa a *InterView*, o jornal de Andy Warhol. Alguns pedacinhos do papo de Glauber, sem precisar explicar quem é Glauber Rocha, é o que os prezados vão ler agora. É um papo muito firme. Basta prestar atenção:

"Quando fiz *Deus e o diabo na terra do sol*, eu pensava em concluir o filme com a morte de Antônio, o matador de cangaceiros. Mas isso iria encompridar demais o filme, de modo que acabei de outro modo e esqueci o personagem. Depois disso, eu fiz *Terra em transe* e, logo depois, fui procurado pela televisão francesa para fazer uma série de 24 filmes sobre Antônio das Mortes. Fiquei interessado e intrigado com a coisa, porque nunca imaginei que Antônio das Mortes tivesse nada a ver com os heróis clássicos da TV. De qualquer modo, o esquema não funcionou e, já que eu tinha pensado no caso, resolvi fazer *O dragão da maldade*. Dentro de cinco ou seis anos, quando o ator que fez Antônio estiver mais velho, pretendo fazer um filme para acabar com ele.

"Gosto muito dos filmes de Sérgio Leoni. *Era uma vez no Oeste* é fantástico. Eu considero Leoni o melhor cineasta italiano. Melhor do que Fellini, Antonioni, Pasolini...

"Quero liquidar com todas as teorias de montagem, tempo, gramática fílmica etc. Isso tudo já se transformou numa linguagem. Eu quero liquidar essa linguagem e partir de volta a um *approach* bem primitivo, uma criança. Sem conceituações. Buñuel falou que qualquer tipo de filme já é uma resposta a um princípio onírico, uma espécie de sonho – de maneira que eu quero agora romper com os conceitos estruturais e começar de novo, com um *approach* mais imediato. Acredito que a estrutura dos signos no cinema é mais importante do que a montagem. A montagem reprime as imagens e os signos. A imagem deve determinar a montagem como um sonho, onde as imagens levam você diretamente a outras imagens. Qualquer filme é a projeção de um Sonho reprimido. E eu quero que esse sonho seja liberado, seja livre, sem nenhum limite. O cinema agora é feito por cineastas, *filmmakers*, e eu quero que ele seja feito por todo mundo. Super 8... Oito crianças... Isso será o cinema liberto."

20 de junho de 1971 ■

as travessuras de superoito

Superoito é moda? É. E é também cinema. Tem gente que já está nessa firme e não está exatamente só brincando. Em minha opinião, está fazendo o possível, quando é possível. Aqui, então, nem se fala: superoito está nas bocas e Ivan Cardoso, por exemplo, vai experimentando. Bom e barato. Bom. O olho guardando: aperte da janela do ônibus, como sugeriu Luiz Otávio Pimentel, e depois veja. É bonito isso? Descubra: aperte e depois repare. As aventuras de superoito, herói sem som — e se quiser falar também tem: em Manaus, nos Estados Unidos, na Europa, nas boas lojas. Nas importadoras.

Superoito pode ser o fino, se você é fino. E pode ser o grosso. A crise geral também é do cinema e haja produção. Quando todos os ídolos *filmmakers e superstars* vão ao chão, superoito também vai. Vê de perto. Não vê nada. Eu gosto de superoito porque superoito está na moda. E gosto do barulhinho que a câmera faz — em Orgramurbana (a vovó de Frederico). Hélio Oiticica notou também que filmar é melhor do que assistir cinema, e melhor do que projetar. Se o espectador é *um voyeur*, o crítico é um tarado completo. E quem vê, já viu, critica. Superoito superquente.

Superoito é fácil de manejar (Waly Sailormoon) e custa cinquenta contos revelado, colorido, Kodak. Ivan Cardoso tem curtido bastante superoito. Gracinha Motta é minha *superstar* favorita e eu amo Gracinha Motta. Superoito não tem jeito, use e abuse. Planos gerais, panorâmicas, detalhes. Se eu compreendi direito, nada melhor do que curtir de superoito, vampiresco, fresco, mudo. Cinema é um projetor em funcionamento projetando imagens em movimento sobre uma superfície qualquer. É muito chato. O quente é filmar.

29 de agosto de 1971 ∎

história antiga

1 - Ainda não fui ver o filme de Ruy Guerra porque não tenho tido tempo, mas também porque fico com medo dessas coisas. Explico? Antes de assistir *Os deuses e os mortos*, ficava melhor dizer que esses filmes históricos estão ficando incríveis. E como não sou crítico de cinema, digo mais: estou achando filmes históricos, todos, o fim da picada. Fico pensando o que significa exatamente fazer esses filmes no prezado momento do cinema, e muito principalmente aqui entre nós e apesar de todas as "fantásticas" intenções de quem está nessa. Contadores de história vão afastando o cinema da barra-pesada da realidade, que a meu ver é infinitivamente mais forte e educativa do que qualquer história, bem ou mal contada, dessas antigas. Além de outros papos que ninguém quer mais discutir: a política de coproduções, incentivos, transas exteriores etc. E outros, mais delicados ainda.

2 - O melhor (atuante e tal) do que sobrou do cinema novo continua indeciso entre *Deus e o diabo na terra do sol* etc. A ala mais *descontraída* levanta superproduções e filma relatos históricos pra francês ver. Não estou dizendo nenhuma novidade, nem estou descobrindo nada: isso é uma velha história que eu já curti demais. Só que a insistência com que o charme é repetido já começa a comprometer o esquema. *Os herdeiros*, de Cacá Diegues, *Pindorama*, de Arnaldo Jabor, e *Como era gostoso o meu francês*, de Nelson Pereira dos Santos, são exemplos desse tipo de "equívoco", cujo tiro está saindo tranquilamente pela culatra. Agora *Os deuses e os mortos* vem contar-nos histórias do velho ciclo do cacau. Vou ver para crer.

3 - *Ketch-Up* não é documento, embora até pareça. Mas vai dando pé e, graças a Deus, vai vendendo filmes por aí. Esse "ciclo" de apelações históricas faz boa figura do lado de fora, mas estimula a reação interna (produtores, exibidores etc. etc.) contra o melhor

cinema que está sendo feito aqui, rotulado *marginal* – ou udigrudi, pelos papagaios – e decididamente marginalizado pelo INC, pelos senhores exibidores, pelos transeiríssimos "grandes" produtores e pela fantasia tropical em geral.

Só isso mesmo.

4 de setembro de 1971 ■

material para divulgação

Pegue uma câmera e saia por aí, como é preciso agora: fotografe, faça o seu arquivo de filminhos, documente tudo o que pintar, invente, guarde. Mostre. Isso é possível. Olhe e guarde o que viu, curta essa de olhar com o dedo no disparo: saia por aí com uma câmera na mão, fotografe, guarde tudo, curta, documente. Vamos enriquecer mais a indústria fotográfica. Mas pelo menos assim, amizade: documentando, fotografando, filmando os monstros que pintam, pintando sempre por aí com o olho em punho, a câmera pintando na paisagem geral brasileira.

Escrever não vale quase nada para as transas difíceis desse tempo, amizade. Palavras são poliedros de faces infinitas e a coisa é transparente – a luz de cada face distorce a transa original, dá todos os sentidos de uma vez, não é suficientemente clara, nunca. Nem eficaz, é óbvio. Depende apenas de transar com a imagem, chega de metáforas, queremos a imagem nua e crua que se vê na rua, a imagem – imagem sem mais reticências, verdadeira. A imagem é mais forte, não brinque em serviço, brinque. Não brinque de *esconder* com seu olho: veja e fotografe, filme, curta, guarde.

Documente: toda imagem é uma espécie de painel, planos gerais não são apenas uma barra de estilo, o indivíduo é literário (a literatura é irmã siamesa do indivíduo), planos gerais são por necessidade: cumpra essa de escrever somente o que não pode ser de outra maneira e não tem mais outro jeito – como sempre –, e aproveite pra curtir a transa do nosso tempo da nossa precisão: vá inventando, vamos todos inventar como no jardim de infância, descobrindo, descobrindo, revelando, deixando pronto, guardado. Vamos guardar as imagens desse tempo, sair na rua e fotografar. Ou prefiro, "fazer cinema"? Ou prefiro contar história?

Outra vez: veja e guarde o que você pode ver. Os filmes no mercado são sensíveis, coloridos, fáceis, três minutos cada, superoito. Um filminho desses, revelado e tal, custa pouco nos lugares certos. Mas é possível conseguir filmes ainda mais baratos, em preto e branco, muito mais sensíveis e que podem ser revelados em qualquer laboratório. São filmes que podem ser utilizados com muito pouca luz, a luz que pintar; funcionam quase no escuro: use essa chance de não deixar passar nada que possa ser visto e guardado. Há muita câmera para alugar por aí, se informe a respeito e comece a experimentar por aí.

Quem vai documentar isso? Quem vai guardar as imagens que o cinema dos cinemas não exibe? Quem vai nessa? Quem vai dar para depois as imagens da festa dessas cores nas ruas do país e nos corpos do beco?

Invente. Uma câmera na mão e o Brasil no olho: documente isso, amizade. Não estamos do lado de fora, e do lado de fora é a mesma transa: *underground*, subterrânea etc. A realidade tem suas brechas, olhe por elas, fotografe, filme, curta dizendo isso. Tem sua beleza: a paisagem não sustenta o teu lirismo, pode mais do que ele, campa com ele e isso é bonito. Organizar arquivos da imagem brasileira desses tempos, cada qual guardando seus filminhos, até que o filme esteja todo pronto. Planos gerais, retratos da paisagem geral, arquivos vivos, as fachadas, os beijos, punhaladas: documentar tudo, pode crer: é isso.

Soluções técnicas e vantagens econômicas. Veja e guarde. Não valemos sem nada como testemunhas de nada, mas o que fizemos fica e guarda o que se vê. Propostas para uma visão urgente do fogo. Curtindo agora mesmo. As imagens: gravando tudo. Ou não falei?

19 de outubro de 1971.

Aos 28 dias, deste mês em paris

uma forma de um filme
            não é um
            filme
porque <u>ainda</u> é preciso inventá-lo.
o filme, e não outra solução, é o que me interessa
dar porque me compete agora exatamente estabelecer um ponto para o encontro das diversas intenções que tenho: desse curta-metragem definitivamente. definitivamente?
É uma garota que tem sua vida em SP, Brasil, e que depois pretende ensimesmar-se.
é preciso que
eu invente um filme sincero, profundamente, sinceramente, antes de tudo sincero.
           QUE
Ao me deixar imaginar a melhor solução de contar em pouquíssimo tempo que tem gente cada vez mais linda e nova [acuada].
A história de gente como SILVIA na encubadora – incubadera – um plano longo de são paulo, ou dois, três, quatro sucessivos de típicos cartões de são paulo. estamos cercados por essas paisagens.
zoom de são paulo, onde canta o sabiá.
(os letreiros em dois ou três, no máximo, quadros da montagem)
o sabiá canta nas ruas e nos lugares de são paulo.
o sabiá canta no corpo de silvinha e o lugar onde silvinha mora e fala.
(fala sobre um texto que estudará).
não fala de preferência para a câmera, mas com outra pessoa que a câmera pode descobrir a seguir. impossível saber agora sobre o que fala silvinha – mas é certo que alguns dados devem ser lançados, principalmente ao que se refere a um dos problemas que o filme tentará explorar, a saber, entre:
– como ela deve fazer força para vencer na vida (ela, dezoito anos, brasil, ano 2000)

- como ela explica a necessidade de vencer o brasil (ano 2000, silvinha, são paulo)
- onde está o brasil no coração de silvinha
- onde está silvinha no coração do brasil.
- o brasil é um país sentimental?

quaisquer que sejam as maneiras encontradas, o importante é ter em conta que A escolhida deve apresentar uma tese. uma tese que defina em silvinha a condição de ex-adolescente no brasil agora, sem interessar tanto, aí, que a cidade (que já se basta) esteja em são paulo, não interessa mais nada até aqui para a frente [sic] o filme deve encontrar parcelas de uma adição e que essas parcelas tenham uma sucessão lógica e não arbitrária, extraídas das quatro ou cinco situações escolhidas, basicamente chaves, para a profissão dialética do "personagem".

não é conseguir aqui uma forma, mas um filme que só pode ser inventado a partir de dados verificados e depois escolhidos em silvinha. a montagem deve ter, então, a clareza de parcelas somadas numa adição, cujo total não deve passar por uma arbitrária finalização "simbólica", mas por um resultado que seja específico, vulgar e real, com direito à prova de noves fora.

Como o bolero de Ravel
e com quase o mesmo sentido. Mas não é repetir o tema. enriquecendo-o. ∎

Não denuncia, mas *informa* uma ideologia; ao contrário do que dizem é um filme perfeitamente exibível: "investigação acerca de um cidadão acima de qualquer suspeita" – um filme inteiramente policial, habilmente administrado por Elio Petri, lembram-se de Elio Petri? É uma bichona gorda, careca, italiana, intelectual de rodas esquerdistas elegantes, autor de um filme elegantíssimo (1963?) chamado *O assassino*.

O policial desta aventura é o próprio. Sacaram só, por exemplo, os comícios que (o ator) não para de gritar? Ficaram espantados! Como é que pôde? Esse filme superbem-sucedido é um produto realmente muito bem-acabado. Utiliza-se com desmedido acerto de uma forma devidamente superada pelos fatos, porém "sofisticada" como aquelas da televisão. Everybody loves. Enfim já chega. Como indústria cinematográfica (vocês aí) é um produto radical da barra-pesada. Forma e conteúdo, engolido alegremente pelo público do cinema ópera – liberalismo – para bom entendedor: meia palavra basta.

CINEMA MARGINAL É CINEMA MARGINAL MAIORIA É MAIORIA

(Repare a cor do dia: o arrebol no campo de futebol* e borboleta no nariz, nos olhos.) ∎

---

* A antena de televisão.

letra de música para um plano geral
dedicated to the one i loved
ou
atenção imbecis: o cinema é novo
e só se vê muita galinha e pouco ovo
ou melhor ainda:

QUANDO O SANTO GUERREIRO ENTREGA AS PONTAS

nada de mais:
o muro pintado de verde
e ninguém que precise dizer-me
que esse verde que não quero verde
lírico
mais planos e mais planos
se desfaz:
nada demais:
aqui de dentro eu pego e furo a fogo
e luz
(é movimento)
vosso sistema protetor de incêndios
e pinto a tela o muro diferente
porque uso como quero minhas lentes
e filmo o verde,
que eu não temo o verde,
de outra cor:
diariamente encaro bem de perto
e escarro sobre o muro:
nada demais

a fruta não está verde nem madura
é dura
e dura

e dura o tempo
contratempo
de escolher
o enquadramento melhor — ver do outro lado
com olhos livres
(nem deus nem diabo), projetar
lado de dentro — a luz mais pura
embora a sala do cinema seja escura:
nada demais:
planos gerais sobre a paisagem
sobre o muro da passagem proibida
enquanto procuramos (encontramos)
infinitas brechas escondidas.
cuidado madame.
nada demais: cadê o câncer
daquela tarde alucinante?
ai de mim, copacabana, desvairada, mon amour.
nada de mais
na tela do cinema oficial:
já não estamos nos formando com o tal,
o general da banda do cinema que deserta:
a arqueologia é na cinemateca. esquece.
e tudo começou de novo e já acontece
(sentença de deus)
e o resto aconteceu: the end.
fim.
não falem mais dessa mulher perto de mim.
depois da fruta podre verde que apodrece – a tela livre de quem só tem memória
e aí só conta história,
o muro iluminado de outra cor
e outra glória
pois quem não morre não deserta nem se entrega
desprega o comovido verde lírico
e apronta e inventa e acontece com o perigo

(poesia)
a imagem nova – o arco tenso \
os nove fora
(tema: cinema: lema)
a prova. ■

a) — um filme é feito de planos:
a b c: um plano depois do outro
depois do outro depois do outro
depois do outro — planos. não é
feito de cenas, rapaziada-cineclube.
I piano é I plano. porquanto
montagem é, ante sempre
montagem é, antesempre, uma análise
de planos, e mais soma/divisão
multiplicação/subtração, certo disso,
dziga vertov, citado por godard em
inglês: ... montar um filme antes
da filmagem, montar um filme durante
a filmagem, montar um filme depois
da filmagem.
fazer um filme

b) — fotografar ontem, guardar
(SOUSÂNDRADE)
fui a teresina pelo início de
junho (sanatório meduna), entrei
em contato com os rapazes que
haviam feito o jornal *gramma* e
partimos para um superoito de
metragem média que resultou neste
O TERROR DA VERMELHA (ou
qual outro nome escolherem). o
material filmado percorria
acidentalmente acidentadamente
um fio de acontecimento, matéria
de memória de uma só pessoa em
equipe percorrendo roteiro de
lugares, quintais, paisagens — plano geral
paisagens-planos-gerais,

distâncias. a cidade transformada
retomada transformada em
EM TRANSFORMAÇÃO. o jogo
(from navilouca) VIR/VER/OU/VIR
etc. (AQUI/ALI), títulos subtítulos
versos pontuação: TEXTO-LEGENDA,
ora ocupando totalmente o
fotograma ora
precisamente ilustrando-o
Sur-place, como
palavra-cenário (luiz otávio), e
também (galvão em OU),
palavracontradestaque, como
palavra contra destaque, como
destaque (waly) na dança da
herondina, nove cassetes filmados,
filme ektachrome Kodak.

c) – em seguida à verificação de
variadas férteis possibilidades
de edição (montagem), optou-se por
stanley donen. não há explicações
recomendáveis claras para a
escolha: pareceu-nos simplesmente
a mais NATURAL, CONCRETA, no
pensamento da transação
com imagem (e som): em movimento como forma de
narração concreta precisa necessária
satisfatória. idade eletrônica. mais,
evidentemente, o
tempo/contratempo/contracampo,
produção execução e a guerra,
(ONE PLUS ONE), godard, o filme das
famílias, televisão, cinemascope, o
escambal, o diabo a 4.

d) – edmar (oliveira) é o superstar
principal. mais: conceição, herondina
caludette, juçara, adélia maria,
dona salomé, livramento, etim,
paulo josé, durvalino filho, edmilson,
pereira, geraldo cabeludo, dr. heli,
galvão, joão clímaco d'almeda e
transeuntes. além de arnaldo.
arnaldo fez a maior grande parte da câmera. ∎

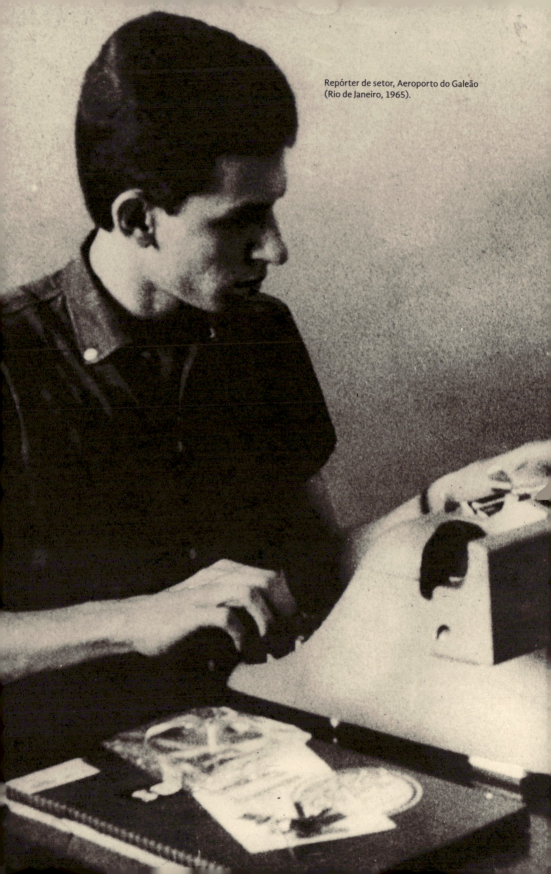

Repórter de setor, Aeroporto do Galeão (Rio de Janeiro, 1965).

geleia geral (coluna da *última hora*)

eu sou como eu sou
presente
desferrolhado indecente
feito um pedaço de mim

quinta-feira, 19 de agosto de 1971

cordiais saudações

Ligue o rádio, ponha discos, veja a paisagem, sinta o drama: você pode chamar isso tudo como bem quiser. Há muitos nomes à disposição de quem queira dar nomes ao fogo, no meio do redemoinho, entre os becos da tristíssima cidade, nos sons de um apartamento apertado no meio de apartamentos.

Você pode sofrer, mas não pode deixar de prestar atenção. Enquanto eu estiver atento, nada me acontecerá. Enquanto batiza a fogueira – tempo de espera? Pode ser – o mundo de sempre gira e o fogo rende. O pior é esperar apenas. O lado de fora é frio. O lado de fora é fogo, igual ao lado de dentro. Estar bem vivo no meio das coisas é passar por referência, continuar passando. Isso aí eu li uma vez no *Pasquim*.

Caetano Veloso, Emanuel Viana Telles, é um que não está esperando por nada – ele deve saber, com certeza, que o princípio está sempre no fim, isso que ele deixa sangrar, do lado de fora, do lado de dentro. Está vivo, novamente passando entre as coisas e sabendo que tudo só é meio do fogo – e cai no fogo sabendo que vai se queimar. (Oswald de Andrade está sendo editado agora pelo Instituto Nacional do Livro, não é?) Caetano veio aqui fazer um programa de televisão e ninguém, do que me conste, parece ter compreendido o sentido profundo dessa viagem desse programa. É apenas uma viagem e um programa, e é fantástico demais. Eu li nos jornais, e alguns amigos me informaram, que Caetano "está mudado". Prefiro compreender que Caetano está novamente dançando no palco da televisão. E prefiro, para continuar compreendendo, que Caetano dança muito bem no palco da televisão. A mesma plateia que vaiava aplaude agora, e isso é o que já não tem mais tanta importância: Caetano Veloso é um ídolo do Brasil, hoje. O sentido profundo da vinda de Caetano ao Brasil, em agosto, está ligado de qualquer maneira a um assunto de confirmação. Caetano veio fazer um programa de tevê (atenção, garotada do MAU e outros sons "livres": televisão, máquina, sistema, consumo etc. Caetano nunca teve medo de nada disso, e pelo contrário). E não será necessário que o programa chegue aos vídeos do país inteiro, via Embratel, para compreendermos que João Gilberto, Caetano e Gal num programa de tevê, em agosto de 1971, no Brasil milongueiro, significa muito mais do que um simples e comovente encontro de amor entre amigos, e ainda muito mais do que um bom programa para as famílias nacionais que assistem televisão.

É que, enquanto você curte lá o seu *tempo de espera*, enquanto você espera um dilúvio que apague o fogo, seu ídolo, nosso ídolo, vem reafirmar tranquilamente, para o Brasil inteiro, que estar vivo significa estar tentando sempre, estar caminhando entre as dificuldades, estar fazendo as coisas, e sem a menor inocência. Os inocentes estão esperando enquanto aproveitam para curtir bastante conformismo disfarçado em lamúrias, ataques apocalípticos e desespero sem fim. Caetano vem, encontra João e Gal, reafirma com esse encontro na televisão tudo o que fez, pregou e provou sobre música popular brasileira e, muito além disso, para nós todos aqui do lado de dentro, deixa claro que não está exatamente *esperando* nada. Está na batalha. Não está nessa aí de esperar sentado, chorando, curtindo à moda conformista como fazem os inocentes (inocentes é sempre útil) do meu país. Caetano está mandando ver, como sempre. E, por falar nisso, vocês ouviram direito "De noite na cama" e "Você não entende nada?". Bom, não é? Cordiais saudações. ∎

terça-feira, 14 de junho de 1971

pessoal intransferível

Escute, meu chapa: um poeta não se faz com versos. É o risco, é estar sempre a perigo sem medo, é inventar o perigo e estar sempre recriando dificuldades pelo menos maiores, é destruir a linguagem e explodir com ela. Nada no bolso e nas mãos. Sabendo: perigoso, divino, maravilhoso.

Poetar é simples, como dois e dois são quatro sei que a vida vale a pena etc. Difícil é não correr com os versos debaixo do braço. Difícil é não cortar o cabelo quando a barra pesa. Difícil, pra quem não é poeta, é não trair a sua poesia, que, pensando bem, não é nada, se você está sempre pronto a temer tudo, menos o ridículo de declamar versinhos sorridentes. E sair por aí, ainda por cima sorridente mestre de cerimônias, "herdeiro" da poesia dos que levaram a coisa até o fim e continuam levando, graça a Deus.

E fique sabendo: quem não se arrisca não pode berrar. Citação: leve um homem e um boi ao matadouro. O que berrar mais na hora do perigo é o homem, nem que seja o boi. Adeusão. ∎

terça-feira, 21 de setembro de 1971

a palavra subterrânea

Pois é: palavra subterrânea debaixo da pele do uniforme de colégio que me vestem apareceu primeiro no *Pasquim*, num *Pasquim* do ano passado, lançada às feras e aos olhares tortos por Hélio Oiticica, o tal. A palavra *subterrânea* na seção Underground, de Maciel. Simplifico e explico que *subterrânea* deve significar *underground*, só que traduzido para o brasileiro curtido de nossos dias, do qual se fala tanto por aí. Onde melhor se vive esta língua. Fogareiro vira cinzas.

Na subterrânea: do *underground* na cultura nacional para a vida das velhas transas: daqui pra lá é assim. De lá pra cá volta assado, queimado. Assim como sempre. Volta tudo muito culto, muito astuto.

E eu sinto muito, e curto. Pode sim. Eis: subterrânea. ∎

sábado, 16 de outubro de 1971

a todo vapor

Disse e repito: Gal é a maior cantora. E garanto.

E você, bobão tropicalista, não venha me falar em épocas: todo mundo sabe que existem cantoras maiores em cada "época", para todas as "épocas" e que Aracy é a maior cantora e que Angela e Dalva também são as maiores e que Elizeth ainda é a maior cantora. Mas se você quer saber mesmo da maior cantora, a que sintetiza melhor e mais profundamente todas as *épocas* aqui, a mais quente, presente, perfeita e livre e eu lhe digo, bobão: Gal.

Sabe o que é uma cantora? Sabe como é?

Começa pela zona do repertório (e aí começam a entrar, é claro, os amigos, desde que Deus – sempre – os faz e os junta), passa pela observação menos caduca do público que assiste aos seus shows e compra seus discos e culmina, é óbvio, no que canta, ou seja: com o que canta: com, quando, onde, como.

A Todo Vapor, o show de Gal Costa no teatrão da Siqueira Campos, não foi pensado nem feito pra quem anda atrás de mistérios: é a coisa mais simples do mundo. Bobões da imprensa "especializada" e bobões cegos-surdos não compreendem as palavras-destaque de Waly e Luciano, do que se utilizam pra demonstrar ignorância e insensibilidade profunda a respeito de todas as novas formas da poesia, da imagem e do canto. Querem explicações. Esses bobões não contam nada. O show é simples e, por isso mesmo, complexo. A complexidade reside na dificuldade que as pessoas ainda enfrentam para, simplesmente, ouvir e sacar o canto desligado/ligadíssimo de Gal, as transas da técnica inteligente com a emoção (sincera?, perguntam os trouxas), que recria, por exemplo, uma gravação recente da boneca – "Falsa baiana" – dentro do espírito normalmente pop do show por inteiro, das transas de Gal (mais Waly, Luciano, Paulinho, Lanny, Jorginho e Novelli), do público que chega lá e escuta e se liga, do ambiente geral do Teatrão e de tudo o que Gal *representa* com seu canto e com sua presença (ainda) entre nós. Ufa!

Daí, meninos, que é bom não perder esse show. Não há nada melhor, atualmente, na Música Popular Brasileira extraexaltação. Nada melhor do que Gal: nada mais liberto, mais à vontade, mais maneiro, mais pesado. Essas coisas todas que irritam os bobões tropicalistas brasileiros. Essas transas que se deve transar agora, enquanto tem Gal por aqui. As músicas mudam e o show é novo, quente e belo.

Quem pode pode; quem não pode se sacode. ∎

terça-feira, 2 de novembro de 1971

mais conversa fiada

1 – E agora? Eu não conheço uma resposta melhor do que esta: vamos continuar. E a primeira providência continua sendo a mesma de sempre: conquistar espaço, ocupar espaço. Inventar os filmes, fornecer argumentos para os senhores historiadores que ainda vão pintar, mais tarde, depois que a vida não se extinga. Aqui como em toda parte: agora.

2 – Thiago, meu filho, continua crescendo e reparando. E agora? Continuemos, parar é que não é possível. Apocalipse só se for agora, eu só quero saber do que pode dar certo e não é perto nem está no fim. Faz um ano que eu me dizia, no hospício: isso aqui não pode ser um refúgio e foi assim que eu saí por aí, foi por isso. Abaixo os meus refúgios, chega.

3 – Abaixo a psiquiatria dos salões e dos hospícios. A psiquiatria é repressiva, consultem isso, curtam. Chega: cheguem lá, me chamem pelo meu próprio nome, vamos querer saber: e nós, aonde vamos? Um amigo meu encontrou na Rio-Bahia um caminhão que dizia: não me sigam que eu não sou novela. Não me acompanhem que eu não sou novela. É cada um por si e Deus por todos nós.

4 – Chegue e me diga: eu te amo mesmo assim. Eu devo responder igual, como sempre. Chegue e me aperte na parede, grite comigo: Babilônia. E depois se esqueça de mim e continue. Vamos transar, vamos pintar, vamos gritar.

5 – A notícia dos jornais é a seguinte: leiam *tudo*. O lado de fora é frio. Fogo na boneca. E perdão pela palavra.

6 – Eu quero muita alquimia, eu quero muita magia negra, amizade. Eu quero morrer cansado: não quero. Rogério Duarte estava me dizendo que na rua dos alquimistas todo dia explodia uma casa.

Pum! Pum! Pum! Isso também é um batuque, tambores, tambores. A palavra subterrânea viu Uvigs? se escreve com *i* e não com *e*, manda me dizer, de Nova York, Hélio Oiticica. Waly está por aí, revendo amigos, graças a Deus. Todo mundo se viu direito no show de Gal e se insisto nesse tema, calma, morena: me envenenou. O que é que eu posso fazer? E agora?

7 - Quem para fica. E quem não se comunica se trumbica. Vamos continuar.

8 - Eu preciso de espaço pra sair pintando. Eu me confesso e digo, antes e depois: pelo sinal da Santa Cruz, livrai-nos Deus, nosso senhor, dos nossos inimigos. E Vergara me responde: mas é preciso não fazer confusão. Ivan Cardoso me anima com seu filme de vampiro, logo a mim, vidrado em vampiros. Modificação radical do repertório: o que é que é isso?

9 - Parece brincadeira e também é: se quiser grilo, tem. Se quiser samba, faça. Se quiser culpa, curta. Mas assim: abaixo a psiquiatria. Leiam as cartas de Artaud na *Flor*[*] que é linda. João Gilberto é o melhor guru. Gal é a melhor cantora. Poetas do Brasil: poesia! O Romantismo é um Neorromantismo. Haroldo de Campos sacando, numa conversa em HO, em NY, revisão crítica do museu brasileiro.[**] Mas o que é isso?

10 - Disponham: em primeiro lugar, o espaço.

11 - E o fim no começo, como sempre. ■

---

[*] Refere-se ao jornal da contracultura *Flor do Mal*.
[**] Refere-se aos *heliotapes*, célebre entrevista-diálogo entre o poeta Haroldo de Campos e Hélio Oiticica.

quarta-feira, 3 de novembro de 1971

assunto pessoal

Na geleia geral brasileira que esta revista anuncia: alguma novidade? Porque eu mesmo não sei de nada, estou por fora. O fim de semana eu passei por aí, de boteco em boteco. E agora acabou.

Alguns leitores me escrevem concordando ou discordando do que eu ando escrevendo por aqui. Já pensei em responder a algumas dessas cartas, mas desisto. José Gil Júnior, de Teresina, acertou em cheio com seu palpite: tudo ainda está doendo muito, amizade, mas pelo menos está sangrando por aqui. Deixo sangrar.

Ao poeta Sailormoon estou devendo a fé que eu já havia esquecido. Mas eu nunca disse pra ninguém e digo logo desta vez: era um grilo zumbindo e eu não acreditava mais que as palavras pudessem me servir de nada. FA-TAL e VIOLETO, palavras-destaque no show de Gal, *by Waly*, desfizeram meu absurdo encantamento pelo grilo. Não é nada daquilo e é o mesmo de sempre: *tudo* é perigoso, divino, maravilhoso. E as palavras, eu aprendi novamente, não são armas inúteis.

Mas o importante, eu continuo, o importante mesmo é não desistir nunca. La noche en que me quieras será de plenilúnio: não digo: adeus batucada: não digo: pra dizer adeus: não digo: nunca. Na União Soviética, eu soube, os hospícios vivem cheios de nós. É isso mesmo o que eu soube: na URSS a psiquiatria já se desmascarou e os hospícios do Estado são as prisões do Estado. Isso me diz algum respeito? Não me diz nenhum respeito, graças a Deus.

E chega. Amanhã, em São Paulo, eu penso nisso tudo. ∎

quarta-feira, 15 de setembro de 1971

almondegário

1 – Ponha a boca no mundo: assim não é possível. Ou então feche o riso e aperte os dentes de uma vez. Ponha a boca no mundo: somente assim é possível, louca, qualquer coisa louca de uma vez.

2 – Qual

quer?

3 – Atenção para o refrão: tudo é perigoso etc. Atenção para o refrão: tudo é divino, maravilhoso. Atenção para o refrão: atenção para o samba exaltação. Atenção.

4 – Meu amigo preferido não me quer ferido pelo chão. Meu amigo mais incrível nunca foi possível em minha mão. Minha amiga mais maluca funde a cuca só pra me dizer que não. Minha amiga mais bonita é meu Irmão.

5 – Torno a repetir: ai, ai, ai. Torno a repetir, meu amor: ai, ai, ai. Onde é que você mora, em que cidade escondida, em que muda, qual Tijuca? Lá também quero morar.

6 – Qual

quer?

7 – Quero porque quero este baião, baião de dois, feijão com arroz, pão seco de cada dia, negra solidão. Quero porque quero esse balão, corado, fresco o bem machão; coragem, peito, coração.

8 – Ponha boca no mundo.

9 – Eu não.

10 – Todo dia é dia, todo hora é hora: quem samba fica. Quem não samba vai-se embora. E mais: todo dia menos dias mais dia é dia D. ∎

terça-feira, 16 de novembro de 1971

literato cantabile

Pílulas do tipo deixa-o-pau-rolar. Na mesma base: deixa.

★ Primeiro passo é tomar conta do espaço. Tem espaço à beça e só você sabe o que pode fazer do seu. Antes, ocupe. Depois se vire.

★ Não se esqueça de que você está cercado, olhe em volta e dê um rolê. Cuidado com as imitações.

★ Imagine o verão em chamas e fique sabendo que é por isso mesmo. A hora do crime precede a hora da vingança, e o espetáculo continua. Cada um na sua, silêncio.

★ Acredite na realidade e procure as brechas que ela sempre deixa. Leia o jornal, não tenha medo de mim, fique sabendo: drenagem, dragas e tratores pelo pântano. Acredite.

★ A barra pesou? Arranje uma transa e segure, mas não se dependure. Use um ponto de apoio e bote os pés no chão. Da macrobiótica à noite do meu bem, tudo segura, não cala, não caia.

★ Não acredite em nada do que eu digo. Eu ainda preciso me olhar no espelho, igual a Duda na cantiga com Macau. E não sei quem está ao meu lado. Pode desconfiar e não embarque nessa.

★ Esqueça tudo o que eu não consigo mais deixar de lado. Apareça como a luz do sol e não desapareça mais sutil, mas é o próprio. Se for por mim não duvide do bem nem do mal e fique sempre na escuta, plantão permanente, negra solidão: Deus nos livre de ter medo agora, logo agora que chegou na frente o fundo da questão: Deus não está de qualquer lado e, embora esteja em todos, continua nos mandando palavras. Acredite.

★ Poesia. Acredite na poesia e viva. E viva ela. Morra por ela se você se liga, mas, por favor, não traia. O poeta que trai sua poesia é um infeliz completo e morto. Resista, criatura.

★ Quando eu nasci, um anjo louco, morto, curto, torto veio ler a minha mão. Não era um anjo barroco: era um anjo muito pouco, louco, solto em suas asas de avião. E eis que o anjo me disse, apertando a minha mão entre um sorriso de dentes: vai, bicho, desafinar o coro dos contentes. Macalé botou música clássica e a transa ficou condenada: *Let's play that?*

★ Passo e me esqueço: como um caminhão que um amigo meu (eu já contei) encontrou na Rio-Bahia: *Não me acompanhe que eu não sou novela*. Tá sabendo? Esqueça que eu existo.

★ Psiquiatria, por exemplo, está nessa e só está esperando. Mantenha os olhos bem abertos, transe e ande por aí, brinque em serviço, não brinque, deixe escorrer mas preste atenção: sem grilos, afaste os grilos, não tenha medo, guarde a sanidade como quem guarda a coroa do mundo, use. E nem disso tenha medo. Transe e não se tranque.

★ Principalmente, amor, não se descuide. Bater papo com paredes é o fim da picada. Principalmente, amor, não se descuide.

★ Fale de você. Conte o que você passou. Vamos falar da gente e nem precisa falar de ninguém. Deixe os otários curtirem passadismo, literário ou não; não se descuide, fale de você, conte, se vire. A nossa vida, à parte a gente, explica tudo. Autobiografias – precoces. Poesia, vida e morte, o coração vagabundo querendo guardar o mundo, serestas.

★ Sínteses. Painéis. Afrescos. Reportagens. Sínteses. Poesia. Posições. Planos gerais. "O *Close-up* é uma questão de amor." Amor.

★ Pílulas do tipo deixa-o-pau-rolar. Na mesma base: deixa. Primeiro passo é tomar conta do espaço. Faça do seu o que você puder, depois se vire. E tome.

★ Eu, pessoalmente, acredito em vampiros. O beijo frio, os dentes quentes, um gosto de mel. ■

quarta-feira, 17 de novembro de 1971

por hoje, acabou

★ O dia seguinte de repente antes do sim. Não faço a menor questão de fazer sentido. Basta o meu amor redivivo.

★ Número dois desta seleta: agora, aqui e agora. Citação: leve um boi e um homem ao tal matadouro. O que berrar menos merece morrer. É o boi.

★ Escutem antes que todos se calem. Não prestem a mínima atenção ao que eu diga. Mas, por favor, não me esqueça. Não se esqueça de mim, não desapareça. Deixa que eu conto: três, dois, um, zero.

★ Tem um verão que vai pintar por aí, breve, conforme as oscilações. Vamos à Bahia, as coisas começam a acontecer. Conceição da Praia começa com dezembro e depois o pau curte até o carnaval. Tem todas as festas e tem muito espaço. Bahia!

★ Vamos viajar. Vamos sair do lado de fora, mesmo aqui do lado de dentro. Vamos acreditar nisso. Vai e volta, firme. Bahia!

★ Por hoje é tudo assim mesmo. Você sabe que isso aqui não tem mais sentido. A geleia geral não deixa de liquidificar, mas pelo menos vamos encerrar em paz.

★ Me deixe de lado. Você, meu amor, não quer saber de compreender. Você quer é julgar. Que juiz é esse?

★ Levando a sério: chega. Levando a sério: acabou. Levando a sério: recomecemos. Um dia depois do outro.

★ Notícia: Ivan Cardoso filma em paz, graças a Deus. E todo mundo com muito sacrifício, graças a Deus. E se não sair disso, graças a Deus, muda de qualquer jeito. Eu, pessoalmente, não suporto mais a vossa companhia, prezados leitores. Pode?

★ E nem chega a ser charme, mas podem ficar sabendo: tem gente viva pelas redondezas. Ontem, hoje, sempre: brasas, fogo, purgatório, inferno tropical.

★ Deus me fez e me juntou a mim minha medula. É osso.

★ Quando estiver assim, não me apareça. Cresça e desapareça da minha frente, Thiago, meu filho. Me evite, de preferência: eu tenho a minha culpa. Adeus. Apareça. Viva.

★ É possível esse tipo de festa?

★ Fale por mim e diga, meu amor, o que eu não preciso mais dizer.

★ Assim não é possível. Assim, desta maneira, meu amor, me acabas.

★ Tente sacar a minha, cresça, apareça. Se vire.

★ O poeta que não me visita nem me telefona nem me diz adeus; *nunc et semper*; meu pandeiro de bamba, meu tamborim de samba, já é de madrugada; meu repertório faliu.

★ Pode ser mais enrolão? Não? Não? Não?

★ Averiguando as ocorrências: na geleia geral brasileira é a mesma dança na sala, no Canecão, na TV – e quem não dança se cala, não vê no meio da sala as relíquias, as relíquias, as relíquias do Brasil.

★ Me olho no espelho. Nada.

★ Meu olho, meus pelos. Cada manhã a mesma transa, cada jornada a mesma casa, pode? Abaixo a minha reticência. *Help!*

★ Escutem, antes que a gente pense em calar: cavalares ondas do riopânico atravessam o oceano e sopram, sopram, sopram. Deixa sangrar.

★ Espero ter acabado por hoje. É melhor conversarmos calados, em voz alta, eu, amizade? Abaixo a Geleia Geral. Abaixo a Geleia Geral. Mal, mal, mal, mal, mal, mal. Findou. ■

sábado, 8 de janeiro de 1972

– cha – cal –

(Carta sobre um jovem poeta)
Vejo:
Vejo cada dia mais Oswald de Andrade tornado patrimônio da civilização brasileira.

Vejo os artistas cultuarem Oswald de Andrade e produzirem enxurradas de versalhadas – saladas na mesa farta de figurações melosas – a massa falida fingindo ser biscoito fino. Ninguém vi com um entendimento tão afetivo (A de afetivo é a primeira letra do *ABC*) do *Caderno do aluno de poesia* de Oswald de Andrade quanto Chacal, Ricardo, autor deste maravilhoso *Muito prazer* – edição mimeografada, mimeografada com desenhos.

Muito prazer tem presente, antes de tudo, uma ideia de livro, uma estrutura de livro (apresentação, dedicatória "para corações apaixonados", indicação da coleção em que o volume está inscrito, os textos e por fim o "obrigado pela tensão dispensada").

– CHA – CAL – começa pelo começo: "Primeiro eu quero falar de amor" – ele escreve poesia com o prazer da descoberta das coisas, sabe brincar bonito –, é muito bonito.

Ninguém vai utilizar tão bem a "contribuição milionária de todos os erros" – os erros do português ruim que o Rei lamenta – transcrevo *Papo de índio*.

Não sou crítico, sou um coração apaixonado (exigência do poeta aos seus leitores). Para corações apaixonados – o motivo que põe a pena na mão do poeta, VER DE NOVO: abre a defunta, a finada *Flor do Mal*, n.º 2, e vejo como uma ideia de poesia conteudista viciou o espaço do jornal, e vejo um exemplo tão sintético de poesia ficar espremido, desconsiderado (*Flor do Mal* traz um erro "tipográfico" que só faz acentuar o vício de que o espaço do jornal deve estar lotado de conteúdos; em lugar de "e bordam desconsiderações", lá está "e bordam considerações"). Questão de ordem.

Questão de método: em 1972 vejo, prevejo, veremos a restauração do pior espírito Semana de Arte Moderna 22 comemorado em retrospectiva. Chacal é o melhor espírito: aquele que sabe que a poesia é a descoberta das coisas que ele não viu. O Gênio é uma longa esteira de b... ∎

quarta-feira, 19 de janeiro de 1972

let's play that

Papo comprido com Rogério Duarte num botequim da Rua Siqueira Campos, pleno setenta, numa noite que me lembrou do segundo *Curtisom* (Naná: *Africadeus*). Mesa de garrafas e Rogério Duarte sobre umas pessoas de branco:
— Let's play that?
Era um cerco cerrado de brancos e pretos vestidos de branco, um papo de corredores compridíssimos, um coro antigo no muro das lamentações em *BG*. E uma sugesta:
— Let's play that.
* Uma outra conversa muito tempo antes, nos 68 de tantos, com Augusto de Campos, em São Paulo. Desafinar o coro dos contentes, desafinar o coro dos contentes, desafinar.
* E depois umas tardes de fogo no mormaço de outubro e de novembro pelos corredores de um hospital no Engenho de Dentro, chamado Pedro II. Quibe com Fanta Uva debaixo de mangueiras e uns homens de branco e uma multidão de azul em fila indiana com um prato na mão. Onde andarão os outros? Waly Sailormoon numa barra em São Paulo, Hélio Oiticica quase numa bolsa em Nova York, Rogério Duarte lá pela Bahia, Luiz Otávio Pimentel em transas com São Tomé, Macalé e Duda em transações com gravadoras e teatros: escombros e migalhas em diversas celas separadas células, vinho azedos, metais: últimas notícias.
* Pleno setentão.
* Fim de semana conseguir permissão e sair na rua com o papelzinho na mão, pra mostrar para os homens. Pintava: *Africadeus* era um sonho com Naná e Luiz Otávio e Maurício Maestro e uns e outros. Não pintaria. Na segunda, de volta, eu me sentava e escrevia:

> Agora não se fala nada
> Toda palavra guarda uma cilada
> E qualquer gesto é o fim no seu início.

Agora não se fala nada
E tudo é transparente em cada forma
Qualquer palavra é um gesto
E em sua orla
Os pássaros sempre cantam nos hospícios.

★ Na Bahia, 1960, Homero Mesiara declamava pelo quarto o poema de sete faces de Carlos Drummond de Andrade.

★ Macalé me beija, Macalé me abraça, Macalé me liga na televisão e me dá presentes quando eu apareço no fim de semana que me resta, me restava. Sailormoon reaparece carregando um fardo e uma fúria, José Carlos Capinam é um magnata superoito, Duda dirige o show de Gal, Deixa Sangrar. Tudo isso e uma sugestão: *Let's play that*.

★ É de bater na máquina como se fosse com a ponta da cabeça, uma letra pra Naná e uma música com Macalé – dois anos depois do desastre, pleno setenta.

★ Eis a cantiga:

Quando eu nasci
Um anjo morto
Louco solto louco
Torto pouco morto
Veio ler a minha mão:
Não era um anjo barroco:
Era um anjo muito pouco,
Louco, louco, louco, louco
Com asas de avião,
E eis que o anjo me disse
Apertando a minha mão
Entre um sorriso de dentes:
Vai bicho:
desafinar o coro dos contentes.

★ Agora então: *Let's play that? Let's play that? Let's play that?* Câmbio, Macau. ■

quinta-feira, 20 de janeiro de 1972

baião de sempre

Corra. Pense nisso: é do lado de dentro, é do lado de fora. Se informe, pense em ver os filmes que não vão passar aqui, os espetáculos que não vão poder acontecer aqui por causa disso tudo, das dificuldades que a gente conhece; saia um pouco, pense nisso: vá lá, do lado de fora, invista em informação, fure a barreira e se lance no mundo, bote os pés do lado de fora e sinta o drama, faça das suas, ande por aí, "considere a possibilidade de ir para o Japão num cargueiro do Loyd lavando o porão", ache um meio, se arranque e fique sabendo das coisas. Por aqui, menino, continua tudo confuso, apesar do verão que não me engana. Pense nisso, naquilo. Vá e compare: em Nova York, por exemplo, tudo ferve. Vá quente. Se mande. Faça das suas.

★ Ou fique e cumpra firme a pândega. Hum? É bonito isso? Pode ser, pode crer. Mas é uma loucura.

★ Essa do Carnaval não está vindo fácil, menino. Essa passagem no tempo da loucura é pra valer, brinque demais, dê seu rolê, pule, pule, grite. O Carnaval da Bahia em 1972 vai ser pra quem não gosta de ficar perdendo o principal: pinte por lá, pinte certo: vamos todos transar a grande zorra: chuva suor e cerveja: não se esqueça: pé na estrada, menino. É por ali.

★ Pense em mim, você aí: o meu amor é bem maior que tudo que existe e se vou mal é porque sou obrigado. Mas eu te amo mesmo assim e quero que você venha comigo, e quero que você venha comigo: correr mundo, correr perigo. Vamos.

★ Antes que o mal cresça, antes que eu desapareça: me beija me olha me agarra me deixa sambar. O samba da minha terra deixa a gente mole, descole essa, faça você mesmo o seu, apareça como a luz do sol, mande notícias pro meu endereço, peço: antes que o mal cresça, antes que eu desapareça.

★ Corra. Pé dentro, pé fora, quem tiver pé pequeno vá embora. Corra. Eu não quero mais chorar, ou não quero mais sofrer. Ou então cante comigo: quero porque quero que me lembre esse baião, oba–lá–lá de pé no chão, de pé no chão. E de novo: quero porque quero o meu baião, baião da solidão. Dó maior.

* E transe. Embarque na barca da transa, é pra lá e pra cá, não pare de transar, dispare, repare: é a velha dança de sempre. Compreenda: analise, transe por cima. Não existe nenhuma "grande dica", isso é romance histórico com os personagens histéricos rodando em torno de situações passadas. Não requente coisa alguma, veja de novo, faça outra vez, invente a diferença. Não tem mistério: se não tem forma nova não tem *nada* de novo. E nada anda nada. Quem espera grandes dicas não sabe sequer o que fazer com elas se pintassem, vale de quê? Podes crer.

* Bandeira. Isso é que é: chega desse papo regressivo de tudo ser "bandeira". Que história é essa? Corte. Corte esses caras que só falam nisso e que acham *tudo* o que você faça ou diga uma "bandeira" desfraldada. É a turma do grilo, corte, curta com eles, qual é? E se cuide, como sempre. Mas vá fazendo as novidades.

* Me disse Capinam: "Chega, né? Todo mundo na mesma, né? Somos a turma dos trinta anos essa noite, né?" É, sim senhor. ▪

sexta-feira, 25 de fevereiro de 1972

antes que zarpe a navilouca

★ Comandos do ar informam sobre a temperatura vigente nos dois polos da questão: tudo azul e escuro. Olha o telex: azul muito escuro do lado de cá enquanto as cobras se decifram à beira da piscina azul-escura do super-hotel de luxo às margens das águas artificiais, em Pindorama Palace.

★ Informações gerais pra quem se liga: a paisagem aguarda inquieta resoluções dos altos escalões das cobras. Hoje é sexta-feira o que será no sábado entrante pela próxima semana? Perguntas e respostas variadas, conforme o tempo provável da duração da alvorada, *gracias*.

★ *Miedo de perder-te, adiós amor que já me voy*, e muito em breve eu parto mesmo e por enquanto ainda espero inquieto resoluções que não posso compreender em voz mais alta. Agora & sempre assim, conforme for.

★ Carroções rondam a madrugada em pleno dia meio-dia sol com chuva tudo a pino tudo ao menos, menos dia, chuva no lugar. O que me dizes? Faz hoje quatro noites que não durmo, aguardo informações e decisões dos altos escalões das cobras das esferas rolantes nacionálicas e da ferocidade amável do País.

★ Enquanto isso eu pergunto a ti, neste silêncio: quem me ama por aqui?

★ Silêncio, meu amor.

★ A moral do cangaço geral é com um N a menos pelo medo manso cordeirinho da miséria. Eu sei bem os sorrisos que me esperam do outro lado e aguardo que apenas o essencial se cumpra.

★ Noticiário rodante: agulhas negras apontam em minha direção os pontos da comoção geral. Emoção: apontam como foguetes loucos desgovernados. Primeira providência do mais novo: expulsar dois mil!

★ Meu coração despedaçado não aguenta mais, não quer não pode não tem tempo não tem nada que me faça ficar sentado deitado de pé esperando, haja fogo, meu coração não aguenta ficar sentado, calado sofrendo morrendo debaixo da chuva na beira da calçada no meio do caminho, vereda tropical, esgoto das maravilhas, ilhas, trilhas, musical, calma calamidade, fevereiro, março, abril.

★ Até que pinte outra maneira de viver em paz.

★ Até que não me queiram mais calado embora eu nunca fique como me adoravam, sabe? Até que a morte me separe e reintegre após transações heurísticas, sabe? Até que tudo igual a nada igual à poeira da ossada, sabe? Até que, um dia, enfim! ■

sábado, 4 de março de 1972

quando pode ser onde, onde é quando

    Teatro canhoto, Teatro sem regra
    Teatro sem padrão, Teatro energia pura
    O único papel do teatro
    é levar as pessoas pra fora dos teatros.
    Destruir teatro onde houver teatro
    Construir teatro onde não houver teatro.
    Chegar na frente da televisão
    Quebrar o vídeo e dizer: qual é?
    — Eu tô vivo!
    Eu estou vivo, bandeira é estar vivo!
    BANDEIRA É ESTAR VIVO!

    (Grupo Oficina Brasil, 1972)

★ A criação coletiva do Grupo Oficina Brasil em *Re-Volição*, GRACIAS, SEÑOR, ficará somente até amanhã em cartaz no Teatro Teresa Raquel, Teresão da Rua Siqueira Campos, Copacabana, com descontos para estudantes, já que o público da semana passada mostrou muita vontade de viajar até o Equador e depois voltar com Serafim Ponte Grande para explodir na "Lição de Voltar e Querer". *Re-volição*.

★ Para continuar com a transação viva, o Grupo Oficina Brasil planeja para mais logo temporada popular a curto preço numa quadra de esportes da cidade. Depois.

★ Por enquanto: este fim de semana vai ser da pesada. Vamos lá.

★ Os tranquilizados do litoral se tranquilizam depois (?) da psicanálise. E não pinta nada. Chamam de "experimental" o que é de *invenção*: poesia música cinema tudo. A história é um dos "mitos" de calma calamidade: versões metafóricas, empíricas e políticas criam o quê? Pois é. As teses cinematográficas são as mais radicais. É sim.

★ Senhores: isso tudo é antigo. Meu olho não está pedindo arreglo, meu ouvido e minha voz também não estão pedindo arreglo – quero poesia, sons, filmes e conversa firme. Meu baião da solidão não canto numa gaiola, que eu não sou passarinho, nem na mira dos sabidos, que eu não sou gavião. Ciclos e mais ciclos e mais ciclos e mais ciclos. Décio Pignatari, poeta CONCRETO: "Alguém tem que fazer o papel de medula e osso na geleia geral brasileira".

★ O resto é Geraldo Vandré. E Don & Ravel. ■

nosferato & navilouca

*Um poeta desfolha a bandeira
E eu me sinto melhor colorido
Pego um jato viajo arrebento
Com o roteiro do sexto sentido*

duas cartas a hélio oiticica

Rio, 10 de maio [1972]

Hélio, querido:
Salve.
Acho que não apenas eu não tenho escrito muito: pergunto a Waly e a todo mundo e parece que ninguém tem falado: deve ser falta de assunto: pelo menos o meu caso. Desde o carnaval não tenho escrito nem nada pra ninguém – a Geleia Geral eu mesmo acabei com ela no momento que me pareceu mais adequado: no fim do verão. E tenho estado transando tanta coisa ao mesmo tempo que é a maior loucura. Principalmente a navilouca; que está dando um trabalho dos diabos e ainda não está nem na gráfica. Parece que Haroldo conversou com você sobre isso, não? pelo menos a julgar por correspondência sua, recebida por Ivan (via Ana Letícia, ou Ione Saldanha?), ontem. Ele me telefonou e mais tarde nos encontramos na casa de Luciano, onde a *Navilouca* está sendo preparada lenta e muito cuidadosamente, conseguimos (eu e Waly, que transamos junto esse almanaque), conseguimos reunir um material de primeiríssima ordem. Foi uma luta: primeiro para driblar, recusar etc. colaborações não requisitadas; segundo para fazer chegar às nossas mãos todas as matérias pedidas à "equipe" que selecionamos para a revista – acho que você faz ideia das pessoas, mais ou menos entre você, Waly, eu, Otávio, Ivan, Luciano e Óscar, Décio, Haroldo, Augusto, Julinho, Jorge, Duda, Rogério, Chacal etc.: muito pouca gente mais. Basta, não? mas esse trabalho todo lento e tal está valendo a pena, porque a revista está ficando uma coisa *incrível*. Acho, seguramente, que será o acontecimento, no gênero, mais importante aqui dentro por esse tempo todo. Matérias fantásticas, absolutamente incríveis, tudo. E o trabalho de produção gráfica (Luciano, Óscar e mais Ana) está ficando alguma coisa como nunca apareceu antes por aqui. Exceto na *Invenção*.
    Havíamos selecionado, de material seu, os pôsteres que você havia mandado para a finadíssima *Presença* mais o texto Mondrian/Rosselini

etc., mais texto gelete, agora Ivan me diz que você está preparando mais coisas: fantástico, mande com a maior urgência possível, inclusive o texto sobre as transações do puto do Glauber e mais o que você quiser. Com a maior urgência possível. Ou para Ivan, ou para mim ou para Luciano e Óscar. A *Navilouca* (você já sabe) é uma revista em número único, primeiro e único, como o rei momo. A ideia é essa. Se pintar outra, pintará com outro nome, outra transação, outra coisa bem diferente. Espécie de antologia, almanaque, revista indefinida, qualquer coisa assim. Precisamos que você envie, com igual urgência, um slide seu, foto sua, carinha do boneco para a capa, que vai ser uma espécie de mosaico com fotos de nós todos, fotos bem loucas, você imagina e sabe como é – mande logo, o mais rápido possível junto com as matérias. Quero ver se a revista está nas bancas até o final de junho, antes das férias de julho. A capa e contracapa serão coloridíssimas: na capa essas fotos de nós todos (menos os paulistas, convidados especiais) e na contracapa aquele prato sangrando do início de Nosferato. Essa revista vai ficar a coisa mais bonita, mais violenta e mais incrível que você possa imaginar. Deixe com a gente.

Ivan me falou do que você está transando por aí com o Nosferato. Maravilha. Mauricinho me escreveu que tem estado com você (ou simplesmente esteve?): Mauricinho é um cara bem legal e pode fotografar muita coisa aí pra você, quero dizer, te ajudar e tal. Joel Macedo, se apareceu aí, saiba que não foi sob a minha chancela: eu mesmo não suporto esse cara, que é mau-caráter demais e completamente estúpido, além de picareta. E Agnaldo, de quem você me falou em sua última carta? fantástico: nunca mais havia pensado na boneca. Beijos, se ainda encontrar. Fabiano Canosa: não foi à toa que Leon deu pulos quando, há bastante tempo, eu disse para ele que esse cara estava programando por aí. Olhaí. Quanto a Glauber, eu mesmo desisti de tentar conversar sobre o assunto com bastante gente, exceto Ivan e Otávio. Sempre que as coisas assumem um caráter bem maçônico, eu me emputeço e me afasto. Seu (teu) pôster subsisto ia ser publicado no *Verbo*. Não foi porque no mesmo número deveria sair uma matéria encomendada a mim, Ivan e Otávio, sobre essas transações de cinema por aqui.

Os baianos censuraram a matéria (minha, de Ivan e de Otávio) porque se falava de Glauber. Então eu retirei teu pôster e guardei pra *Navilouca*. Daí você imagina: não estou querendo papo sobre esse assunto com essas pessoas que são ótimas e muito queridas mas que não compreendem a exata extensão das filhadaputices de Glauber com relação ao problema do cinema – que eles consideram coisa isolada ou sei lá o que do problema geral... dá? Waly mesmo, conversando comigo da última vez que falamos no assunto, disse que não queria se envolver com o pau porque não fazia nem estava diretamente ligado ao problema do cinema. Aí eu não falo mais. Mas Maciel me pediu um treco para a merda do *Rolling Stone* e vamos publicar lá o que não deixaram sair no *Verbo*, breve.

Semana passada teve a estreia de *Sentença de Deus* numa festa preparada por Ivan na casa de Beki Klabin. Foi uma maravilha. O filme é tão incrível que as pessoas todas aqui estão fazendo até agora aquelas carinhas de desentendidos. Zé Português é um ator incrível e o filme é uma barra pesadíssima. Amo, adoro Ivan e tudo o que ele faz. O livro de Waly deve estar saindo semana que vem e creio que ele te remeterá e escreverá junto, logo. Ele me disse um tempo desses que estava esperando por isso pra escrever direitinho, como queria.

Agora que não tenho mais a Geleia, estou a fim de fazer um outro tipo de trabalho rápido para um jornal qualquer (possivelmente o Domingo Ilustrado mesmo, que – imagine – me chamou), uma série de dez entrevistas bem absurdas com o elenco da Geleia. Ainda esta semana quero acertar isso com o jornal e mandar brasa correndo, porque se der pé vai ser outra agitação. O que mais me aborrece agora é o meu filme que quase comecei a fazer há mais de mês e tive de parar de repente por falta de dinheiro. Não sei se te falei nele antes. O título (mais ou menos provisório, não sei, é Crazy Pop Rock. É pra filmar em dezesseis com som direto, na marra. O elenco é uma transação bem legal porque tem uma estrela da nossa TV (Maria Cláudia) e mais Ana, Simão, Erico Freitas e umas outras figuras. Um filme bem simples, que, no entanto, não me sai por menos de seis milhões – dinheiro que ainda não consegui juntar até agora. Devo ir a São Paulo rapidamente com Ivan, semana que vem, tentar arrumar o resto (metade) que me falta. Aí preparo o filme inteiro em pouquíssimo tempo. Queria ver se depois da *Navilouca* e com, pelo menos, esse filme pronto eu conseguia chegar a Nova York aí por volta de agosto, fim de agosto. Estou dando tudo pra ver se tudo isso dá certo. Tenho me virado pra caralho esse tempo todo, é possível que agora essas coisas se ajustem.

    Filmes mesmo por aqui que prestem, só os de Ivan. Não passa nada, é um deserto. Agora estreou *Os inconfidentes,* do Joaquim Pedro: mais um filme histórico nacionalista, sei lá o quê: horrível. Glauber vai adorar. Disse o Joaquim Pedro numa entrevista para o *JB* que o filme é um "estudo sobre o comportamento de presos políticos". Olha que malandragem mais filha da puta... é incrível. Se você visse o filme...

    Reticências!

    Bom meu filho, beijos e abraços. Show de Gil e Gal foi ótimo, Caetano (machão, Hélio Oiticica, eu sei, ora) está em Salvador curtindo e vai ficando. Gil deve chegar por aí um dia desses. Por aqui apesar de lindíssimo e muito maravilhoso, só transou de yin e yang, essa coisa que eu acho meio chata sendo assim mas que, enfim, pode ser apenas malandragem dele: "O tropicalismo foi um movimento Yin" – "não sei o que lá é yang" etc. Acho meio pobre. Mas as músicas estão fora dessa moral aí: e o som, da pesadíssima. Mande logo as coisas finais pra *Navilouca* e diga a Haroldo, se estiver aí, que vou publicar um trecho de Galáxias que saiu em setembro do ano passado no Estadão, junto com a respectiva ilustração. Será a outra matéria dele, além da urna para Souza Andrade. O negócio que Décio mandou (Phaneron I) é um escândalo. Você vai ver. Não se aborreça por tanto silêncio daqui e me escreva, que eu te amo. ■

Teresina, 7 de junho de 1972

Hélio, querido: aqui é a voz do sertão. Foi de repente que eu tive de sair do Rio para um repouso necessário e compulsório no Piauí: você deve ter recebido a carta que mandei poucos dias antes de vir e, se já respondeu, Ana manda logo sua resposta aqui pra mim. Não sei bem, mas como estou precisando mesmo de uma espécie de repouso bem completo, acredito que termino ficando em Teresina até o fim de julho. Deixei a *Navilouca* andando, agora entregue a Waly e Luciano + Óscar: estou esperando notícias deles e acho que, se tudo correr como deixei encaminhado, a revista estará pronta pra ser distribuída aí pelo início de julho. Mas acho que somente em agosto ela sai mesmo, porque julho tem férias e a dispersão é total. Não seria um bom momento: *Navilouca*, acredite, será qualquer coisa de definitivamente novo, forte e rigoroso. Como te falei na outra carta: um escândalo, dadas as condições existentes. E tem dado muito trabalho, como é natural, por isso mesmo está demorando tanto. Mas vai sair a tempo, saia quando sair, você não calcula como tramar essa revista (com Waly) tem me deixado aceso: quando ela pintar você vai compreender direitinho por quê.

    Estou te mandando essa coisa – *Gramma* – anexa, acho que você compreenderá: isso é uma espécie de "milagre": você não conhece o Piauí, e esse jornal, feito de repente por uns sete a oito meninos aqui de dentro, com idade variável entre dezesseis e vinte anos, tem, para nós que começamos a bagunça com *Presença* e *Flor do Mal*, uma significação gratíssima. Eles tratam de problemas daqui mesmo (veja que maravilha de capa), mas com uma radicalidade que a superprovíncia não conseguiria suportar e que nem mesmo no Rio, eu acho, foi conseguida em nossas tentativas. Evidentemente o jornal foi apreendido pela Polícia Federal quatro dias após o lançamento e os meninos (em sua maioria secundaristas ou vestibulandos), chamados a depor. Note o nome – *Gramma,* com dois *emes*: mil implicações; a impossibilidade de imprimir o jornal aqui mesmo (foi xerografado – trezentos exemplares

— em Brasília), e a maneira como tudo foi aproveitado: da *Presença* da *Flor* e até do *Pasquim*. Mas num nível de reorganização do espólio no exato momento em que nossas tentativas do Rio iam entrando pelo cano e resultando, numa linha direta, no insípido Bondinho de São Paulo, que você deve ter visto por aí. Acho isso fantástico, de uma coragem e de um tesão formidáveis – logo no Piauí e também, quase me esquecia, no instante em que o *Verbo Encantado* tenta se engravatar no Rio e o *Rolling Stone* comanda a parada, com, aquela cara mesma que você me disse, qualquer coisa como uma espécie de reprodução da Monalisa pintada por algum acadêmico daqui; das Belas Artes. Ou qualquer coisa assim, falsificada, mistificada. Ainda no Rio conversei muito com Waly e Jorge e Luciano e Óscar sobre essa *Gramma*. Para nós todos, que de uma maneira ou de outra estivemos na agitação dessa imprensa subterrânea, o trabalho desses meninos do Piauí, o supergueto, foi como um resultado extraordinário de nossas investidas. Eu acho que sim e, como diz o Maciel, ou pelo menos dizia no tempo da *Flor*, "a semente está plantada: agora vai começar a brotar por aí". Você conhece o estilo do Maciel.

Bom: espero que você vibre, como nós vibramos, com essa *Gramma* de Teresina. Os garotos vão tentar tirar um outro número na marra, agora, e tão logo saia (se sair), eu te mando. Me escreva a respeito disso, por favor – inclusive porque seria fantástico para os meninos daqui. Eles andam fudidíssimos por causa do jornal (ah, se você conhecesse o que é o Piauí...), e numa terra onde não acontece nada, onde nunca passou um filme de Godard e onde cabeludo não entra na escola nem nas casas das famílias, pode crer, essa *Gramma* é o que eu disse antes: uma espécie de milagre. E vai render.

Agora me diga: você já mandou seu slide para a capa da *Navilouca*? e o resto do material anunciado em carta para Ivan? se não, please, mande logo, que essa nave precisa zarpar. Breve enviarei para você uns textos que estou produzindo para um livro da corda bamba. Aqui em Teresina estou fazendo uns filmes com o pessoal da *Gramma*, todos em superoito, de metragem média. Difícil falar deles agora. Mais tarde veremos. Estou aproveitando muito e de todas as maneiras essa minha vinda até aqui. E o Nostorquato, como vai? Ivan me falou que "uns e outros" andaram vendo o filme por aí e que você pretendia publicar uma foto num livro do Octavio Paz. *Signos em rotação*, que Haroldo me deu pouco antes de viajar, foi para mim uma revelação. Aquele negócio – "poesia latino-americana?" – como, aliás, o livro inteiro, é claro demais, e fundamental. Mas isso não é papo pra essa carta.

Querendo me escrever (escreva, amor) pode mandar pra qui mesmo, que chega. Vendo Haroldo, Julinho etc. (não sei se estão aí), diga que vai tudo firme e que mando abraços. Um beijo enorme. Fico aqui até o comecinho de agosto.

Mande notícias. Muito amor,

Rua Coelho de Resende, 249-S
64.000 – Teresina – Piauí
Brasil... ∎

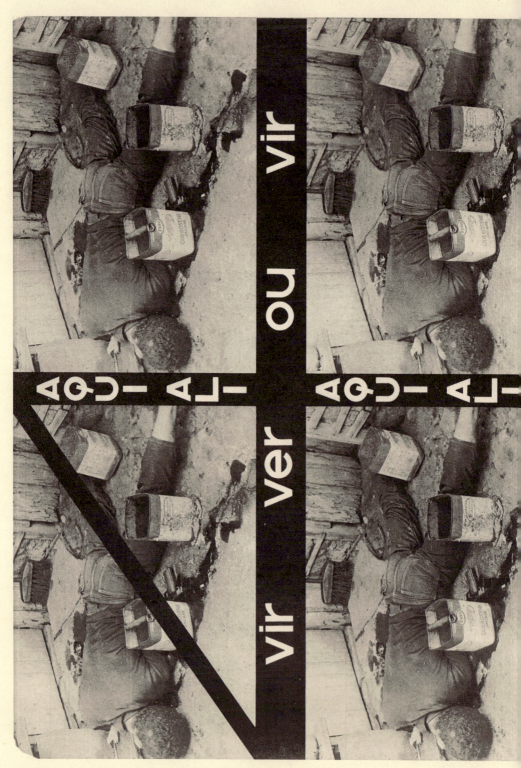

Poemas gráficos de Torquato publicados em *Navilouca* (p. 200-202).

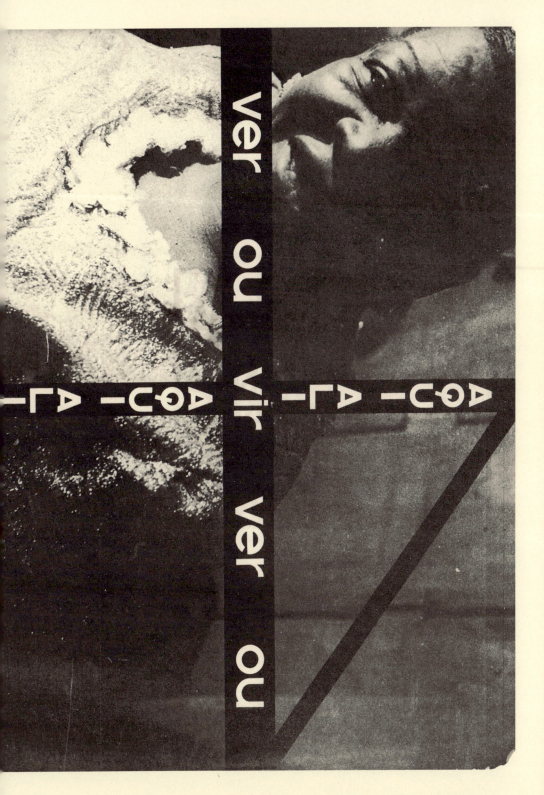

escrita de si

*Agora não se fala mais
toda palavra guarda uma cilada
e qualquer gesto é o fim
do seu início;*

esparsos

3 de abril

não deixar escapar mais nada. devorar. ninguém vai entender isso. ninguém vai entender que eu ponha o mesmo disco duas, três e ontem à tarde mais de cinquenta vezes seguidas. ponho o disco cinquenta vezes seguidas e vou escutando. é assim que eu quero, sem essa de não ouvir o disco. o lado ouvir o disco: essa varanda essa ciranda quem me deu foi lia. a letra mais triste que eu já ouvi numa música, não conheço nada tão triste. vou escutando. e vou guardando pra frente, não sei em que vou dar, não posso dizer que não quero saber, mas não sei. em verdade estou num pânico medonho, estou guardando demais, onde fica a saída? fazer um pum de revista e poder balançar o dedo. não quero nem saber, rosa murcha é a puta que pariu. e não tem primavera não, é estrume. na minha terra com estrume rosa dá melhor. e mesmo sem essa de rosa: estou guardando as coisas, escuto o disco, quero ver onde vou parar. isso é sério. quero tudo com orquestra, a barulheira toda organizada, domingo no parque. a day in the life. não posso ficar trancado a vida inteira. vou dar um pum de revista, passear por aí estampado. vinha pensando na rua: assim não é possível. usar a cabeça e as mãos e usar os pés e o pau. lennie dale. tornei-me ébrio do que deve ser louvado, agora chega. bandolim, e ela nem chega na janela. agora chega. processo no marconi. processo no gil. pró-mim, que não é mais possível. depois arrebento: filmo ana com são paulo, faço o meu pum. ■

para mostrar: um coração de ponta a retaguarda de detrás do fogo a faca o ferro deste amor – a louca revolução o beijo preso, famoso, na garganta. sento-me para aplicar os dedos à memória, e escutar as conversas repetidas no brejo das almas. aprender que tudo vale a pena porque a vida vale a pena e vai passando. um homem e sua mesma vida. eu gostaria de ser, sempre, como quando estou ausente e não me importo porque a minha mesma vida é com os outros – é, quanto mais, eu vivo e ausente me deixo ver melhor. é aí que sou inteiramente ativo, é fundamente despedir-me. paris, 25 de julho de 1969. um coração de ponta e não de pedra ou posição de cais. eu sempre quis fazer um filme e um poema, um livro, uma escultura: a própria (pura) fé/bricação, febre, tesão. não devo interromper. devo sentar-me agora? para mostrar a retaguarda de detrás do fogo por onde passo aqui no ano trasado daqui a um mês na nicarágua. a faca que não uso o ferro deste amor. que fosse um filme e o resto num só tempo que eu celebraria intensamente para a minha glória e o meu prazer. me impressiona muito o que me lembro me inteciona muito e me confirma. ou então não vivo e subtraio-me. hoje paris está passando com seus tabac e suas cantigas. a cantiga do automóvel passando e dos diversos passos que escuto agora enquanto bato a máquina e me desperta o seu ruído. está faltando rothmans em paris estão faltando cartas do brasil cheiro de são paulo filmes de ipanema, a louca revolução e beijo. preso. a peça é condoreira quando chora e realista quando canta. não tenho mais vontade estou absolutamente branco e o que me importa a linha do horizonte se foi preciso aprendê-la? faz poucos dias que minha loucura levou-me à lua onde pisei. agora me divirto em conservá-la e acostumar-me a vê-la como coisa minha. estou aqui para compreender e assunto com meus sentidos. não é mais difícil nunca foi mais difícil, nunca.

paris, esta cidade – torquato neto-frança vandredi, assim. ∎

sento-me para escrever. estou apenas ligeiramente tonto, ainda – e em paris são apenas quase duas horas da manhã e ana está na cama deste quarto de hotel, lendo uma revista e sofrendo grandes sentimentos sobre mim. ontem foi o aniversário de alzira: nos reunimos aqui mesmo, com mais flávio, ana, joão, paulo, rosé e ronaldo. mais tarde fomos para a casa de neli e quando voltamos o inferno instalou-se e eu morri. hoje fui à cinemateca ver week-end de godard e eu achei que vi finalmente um filme sobre a teoria da guerra, de saudosa memória. gostaria muito, portanto, de deixar claro que hoje é hoje e que amanhã a briga recomeça. gostaria de escrever isto, mas é difícil e eu me sinto culpado de estar aqui nesta cidade e cansado de viver como vivo. isso não vem ao caso mas é muito mais importante.

 e eu estou escrevendo porque é a única coisa que posso fazer agora e porque me apraz. estou muito cansado e não tenho nenhuma pergunta a fazer nem tenho uma única resposta diferente. flávio ouviu no rádio e ana me contou que no brasil o presidente está paralítico, o vice-presidente não assumiu e uma junta militar tomou a presidência. mas é provisório, torquato neto. e eles vão qualquer dia arrumar outra solução, brasileira, mulata e sentimental. por isso não posso pensar em escrever o meu filme (que talvez nunca faça porque estou mais velho do que me imagino e porque estou condenado à grande morte) e (mais), devo continuar observando o escuro. de qualquer modo penso, e estou vivo. ana deve pensar que não, que morri definitivamente mas ela não terá coragem de acreditar, porque é mentira, ela sabe que eu vim ao mundo e que é diferente, porque ainda faltam certos acabamentos que estou aqui para providenciar. isto me deixa perplexo na medida em que eu vou indo mas não tenho clareza nenhuma sobre como e por quê.

  ana ainda acredita
   que eu possa chafurdar, mas eu estou duvidando muito. hoje comecei a acreditar que estou doente. ainda não estou doente mas devo cair um dia, e definitivamente. na igreja da sorbonne (eu acho), o sino

bateu. é aqui perto, mas do hotel excelsior se ouvia mais porque era em cima, quase na janela e me incomodava os planos. eu não sei por que estou aqui sentado, mas sei muito bem que devo marcar este dia 31 de agosto/1º de setembro de 1969 e recomeço. não tenho coragem de contar os detalhes mais sórdidos dessa minha vida que já contei numa letra de música para luiz fernando werneck. escrevi no livro, para alzira, que ela não deve pensar em m.g.l.

mas no brasil, que é um país sentimental. que é um país sentimental porque é um país musical e não tem para onde correr. escrevi porque é verdade e porque eu descobri. e porque eu inventei que é melhor morrer do que não resistir e que é aprendendo que se vive e porque glauber rocha morre de razão quando diz que basta filmar, la bas, pra ser novo. e forte. casa forte. tom jobim me disse que é impossível o otimismo, porque simplesmente não dá mais pé, mas ele fala de conversas e eu estou discordando porque estou falando de cinema e o cinema nem é vida nem realidade, é verdade. não sei quantas vezes por segundo. ∎

8 de maio de 1970

pode, deve, estar completando um ano que chegamos a paris. você se lembra do barulho nas ruas, na rua, no boulevard san michel, era desconcertante pra nós que vínhamos do tempão em londres e seus ingleses. hoje estamos malsentados na casa alheia, vendo o brasil (nós somos o brasil) caminhando como deus é sempre → aqui
      estamos!
      aqui
      chegamos
como forasteiros e forasteiros continuamos aqui, neste meu país.
principal é que um inglês é a Inglaterra, um francês é a França nós somos os brasileiros típicos do BRASIL no dia 8 de maio de 1970. ■

(let's play that)

1

G R I

Chet Baker. Funny is outside. The doordem. Comme il (T R I) fau. Diga que estou bem. Diga que Deus morreu → L O S ← Time's changin. Let's play that: nada de novo na frente ocidental — dental — al ————————————————————

nada de novo just around the corner (?) o Branco campeão chet invictor Baker de Futebol e Regatas, alheio? Todo mundo sabe que é preciso fazer alguma coisa! ⟵⟶!
Mas ninguém pode fazerÆ se?
Jimi Hendrix, Ernesto "Che" Guevara, Décio Pignatari, never. Nobody Knows. Knorr: a sopa no mel, melanie. Nobody knows the troubles I've seen. Jimi Hendrix ((che)), Pignatari, Chet Baker – Street, london-london, london, acontece o seguinte: não dá mais pé, Torquato Neto. That's over. C'est a dire, shuff)
Será? Será verdade? Será verdade que só, só não domina a linguagem o indivíduo que enlouquece e, fica, louco? E Artaud? Quem descobre os pecados da linguagem, Gil? Talvez. Ou talvez, Mr. Tambourine Man não seja nada mais do que um acidente da linguagem, um mal-entendido, uma ligeira confusão no final do primeiro, ou terceiro, capítulo de uma novela barra-pesada que a censura (a censura, bicho) interditou, tarde demais? A censura? Será verdade que só, só agora em frente à companhia de seguros, aos 25 anos? Se a mulher chora o corpo do marido o seguro, o pecúlio trarão a certeza do dever cumprido!!!!!!!!! Certo?

2

Assim
Era um rapaz de 25 anos.
Arranjou um jeitinho pra viver e logo depois não deu certo e, logo depois, não deu certo. Para o bom entendedor: meia palavra basta? Meia palavra, basta?
Mais duas entradas, uma inteira uma meia. Essa sessão das oito vai ficar superlotada. Meia, basta?
EU Faço esse gênero. O gênero bem incômodo, exatamente como se não houvesse fantasmas, e ainda manjado, eficaz e fatal. Everybody knows my name and nobody knows my place.
Gostaria, então, de expressar-lhes a seguinte teoria adiante: a paisagem = cenário; as cores, e os planos: gerais. Everybody knows my name *but* nobody knows my place. Lets show that = let's play that. vá e volte. é na outra? era. Para o bom entendedor.

Meia palavra basta. agora não se fala mais: cada palavra, bicho, é uma forma poliédrica infinita e transparente, saca? E cada gesto pode ser o zero, o ponto final, o supragrilo, o que está solto, a morte: Deus, bicho? Aquele abraço, mas é OK. Mas é. Ou, pensa, o louco não será o indivíduo que percebeu a linguagem no bloco das suas possibilidades, ou melhor da sua totalidade POSSÍVEL e portanto "enlouqueceu", ou seja emudece e em seguida morre, como castigo? "*Perceber*" acima, significa "enlouquecer"? Então Caetano, Gil (como Caetano explicou no jornal) foram os únicos a quem Deus perdoou, e portanto castigou fazendo-os ganhar a guerra perdendo a batalha? Quem se comunica se trumbica, bicho. Computador me resolve?

3

e, bicho, caetano foi o primeiro a dizer isto, no pasquim. Disse: Tomara que a Gal Costa compreenda que nós morremos. Ou: "que eu morri", não me lembro.

E não se fala mais? Não se para mais, bicho, mas tem aquele grilo que eu falei antes, aquela história sobre apreensão da totalidade etc., linguagem, o encoberto, o disco voador, a luz paralisante, um acidente da linguagem, Jimi Hendrix, Guevara, Caetano, Gil, a boneca aqui, Rogério Duarte, os últimos dias de paupéria, o grilo.

A quem Deus perdoa? Aos que ele se deixa reconhecer? Aos que conseguem vê-lo, reconhecer seus disfarces e por isso mesmo, bicho, recebem como castigo a loucura de persegui-lo para sempre: Deus perdoa a quem castiga ou será ao contrário?

(It makes no diferença. It makes me cry. It does not work. He's just waiting. Let's play that).

nada de novo na frente ocidental: são os últimos dias de paupéria? planos gerais e paisagem = o cenário vivo, a massificação, a favela, são paulo, o coletivo, a grande angular ao som dos despojos da literatura, *o individual*, melhor: o indivíduo mesmo, sem essa, sartre. É preciso que se saiba, pra encurtar, que ambos estão destruídos por motivos que os identificam como irmãos siameses, saca? E cinema não é literatura, saca? Cinema TEM QUE SER, aqui, uma forma tão violenta de reconhecer Deus (e mais aquele papo todo), como qualquer outra, saca? Jimi Hendrix, M. Jean-Luc Godard, Guevara, Caetano, Gil, Chet Baker, o caralho, saca? Pois é: os desesperados da silva, saca? Tem muita gente nessa, bicho. Todo dia é dia D, bicho. É um grilo.

Mas fazer cinema aqui, só louco. Falei e disse.

• from são paulo. é foda, bicho.

4

Eu estou aqui. Ainda tenho algum tempo e estou sabendo qual, quais e por quê. Eu receio: uma coisa que li, não me lembro onde, dizia qualquer coisa sobre mim, foi (eu acho) qualquer curtição de Umberto Eco sobre qualquer coisa, chô grilo. Dizia no fim, pra mim, uma sugesta.

Era a seguinte: eu tentando lutar contra a tragédia, o abismo, a catástrofe e ao mesmo tempo apaixonado por ela. Pois eu estou aqui.

Ainda tenho algum tempo e sei como explodir o mundo. A felicidade *pode* ser feita de metal. Tudo em superdimensão. Estou tentando, e percebam, escrever sobre o que deveria estar fazendo mas, castrado, não faço. E ligando isso por sequências libertas ao papo que a determina, e ao papo que a explica, como fiz nos números anteriores, anarquicamente. Eu sei o meu tempo (acima) não porque esteja brincando com o futuro e tentando o pulo do gato conforme o (it) percebo; Eu – e eu não sou capinam, por exemplo – estou indo ao encontro de algo que já conheço, ou seja, de onde vim. Portanto posso ir olhando para trás: não só conheço my home, como sei de cor o *meu* caminho de volta e como vou encontrar a casa. Na África, dá pé. No Oriente todo, dá pé. Na Europa pode dar pra curtir um pouquinho, mas, vê lá! Eu acho que, aqui, no rabo do foguete, na tropicália, aqui, no país que ninguém, realmente, segura mais pois é o rabo do foguete e está no fogo até que o foguete comece a se foder – aqui, no Brasil, o tempo é mais curto pra mim. Aqui é mais fácil, quando se tem 25 anos nas minhas condições: o tempo encurta. (E nos interiores, a paisagem também, deformada como você, e qualquer um de nós, nós, em grande angular.) E portanto, eu perdi a briga: morro de amores pela catástrofe e vou alcançá-la: correto?

E chega? ∎

É bom anotar o seguinte detalhe que percebi ontem, enquanto atravessava os andes e você dormia: segue-se por onde se anda e como: a realidade me dá sua resposta e eu reajo a seguir (sempre consigo suportar o tipo da tal resposta) e a coisa segue rendendo etc. etc. até que a morte nos separe. Mais: a prisão, o hospício, a burocracia repressiva dos esquemas, o apartamento apertado no meio de apartamentos – enfim, esses lugares forçados podem (e devem, como exercício de vida) ser curtidos segundo os papos da política, da psicologia etc. mas em nenhuma hipótese podem servir como refúgio contra. refúgio contrário. apocalíptico do tipo suicida (a mais "doce" tentação, a mais "cruel" e a mais "malandra", saco, soluço, banheiro). o hospício é o lugar mais fundo que eu conheço – mas isso não é desculpa para que *EU* o transforme em refúgio. o fundo do poço e o lado de fora. a prisão não é jamais o ideal do meu lar e nem o meu lar deve servir como *meu* refúgio, nem lar e o lado de fora lá fora. meu lar (e a prisão e o hospício e o mais) e o lado de lá de fora? Necas de pitibiriba. não quero, não quis nem vou querer nada disso como "o meu refúgio". talvez a minha lição e na melhor das hipóteses o meu descanso possível ou forçado e se forçado sem que eu o aceite legal. o que permanece, existe, vale e me faz tentar é o lado de fora e minha briga eterna com ele, nosso diálogo único possível com a consciência viva, nossa consciência que é a vida e se chama deus e é amor. com seus números totais, com seus números inúmeros como eternos e únicos. as estrelas do andes brilhavam e o mundo ali estava e como na cantiga de caetano eu estava pensando no meio do planeta girando ao redor do sol e tudo mais e eu não tinha que pedir desculpas a ninguém pelo mal que eu próprio sei fazer a mim mesmo e mesmo que eu não pedisse desculpas eu sentia a sensação de que qualquer ato meu seria como pedir desculpas se quando quero explodir eu fira, maltrate a cara de alguém e de todos os presentes nas cidades por onde andei   mas eu sabia que não poderia deixar nada claro   eu sabia no entanto como eu cumpro minha vida portanto é do jeito que é   e é com o maior amor que eu sei dar   é um amor culpado como nada (principalmente a inocência) inocenta coisa alguma eu pensava: eu te amo, eu não podia dizer nada. disso, só que eu não *podia nem posso* explicar minha vida, o meu amor, senão através de sua própria minha própria prática, como se diz, caminho, como se diz, traço, destino, como se diz, como se diz: tese, filme, estilo, caráter, ideal de relacionamento, antítese, tese, amizade, ódio, ternura – "como se diz" – posso dizer e explicar isso tudo mas não explico nada com isso, o mistério sou eu muito simples e ainda por cima tentando explicar e pedindo, finalmente, desculpa. também – pensei – meu corpo sou eu. Olhei meu corpo e me compreendi, mas não gostei de mim. tem aquele papo muito antigo (não sei se é de Sartre): todo mundo é responsável pela cara que ostenta, a que tem, pela cara que tem. se eu me odeio e se eu me amo, se eu tenho medo de mim ou do mundo, isso é a minha vida: a minha beleza ou a minha feiura. E eu me quero lindo e malandro. E não quero que minha beleza seja a minha máscara (sem aspas). quero esse papo correto, acertado. quero essa marca malandra de vida: vejo a minha cara e vejo o meu coração. os outros, não, até que aprendam a me ver. você olha nos meus olhos e não vê nada: pois é assim mesmo que eu quero ser olhado. é assim mesmo que eu quero que você não entenda. pensei – meu corpo sou eu atravessando os andes comigo. contigo. onde estou me represento mas não me aparento com o que não sou, sendo também. caetano no filme de mautner, ilustrando: ele não sabe que eu também sou um demônio. o filme é uma droga, caetano é uma superstar maravilhosa e está fantástico onde põe a mão, e gil por outro lado   meu corpo é o meu ideal, é o que eu quero fazer de mim, é o que está à solta vibrando, meu cheiro, minha consciência, meu amor por quem eu amo, minha presente presença no mundo estampada na cara, escondida, estampada na cara que eu sinto, estilo de luta: de vida e de morte, da vida. E eu me viro ao teu lado, te acordo, te beijo, te amo, ana. ∎

no dia de hoje eu acordei e vi que estava claro. eu tentei descobrir que dia era hoje e por isso reconstituí rapidamente o que pude. não pintou nenhuma grande transa, que eu me lembrasse, mas havia uma carta que eu queria reler, e era domingo mesmo. daí pra isso: o jornal. eu me levantei e olhei pelas frestas da janela, estava chovendo, pensei nas horas e achei que devia ser umas cinco. é uma droga, porque eu tenho que ir pro trabalho. eu me levantei, fui na geladeira, tirei do congelador duas garrafas de cerveja que havia deixado lá, e me lembrava, bebi água, não havia leite, lembrei-me que possivelmente não tivesse um tostão comigo e que não iria poder sequer ir ao jornal, achei tudo uma grande merda, reli a carta para almir e não achei nada, fui ao banheiro, descobri que estava com qualquer coisa no bolso, fiz e fumei. achei cinco contos no bolso da calça que usei anteontem. eu me lembrava muito vagamente que talvez houvesse um dinheiro que lena me deu, ou uns pedaços dele. hélio rocha pagou o tempo todo e eu me lembro que não havia conseguido gastar do algum que tinha. tinha? ainda estão comigo. então eu me lembrei que iria ver os filmes de ivan na casa de lygia clark. não é domingo? onde está ana? era a última coisa para querer pensar agora. eu sinto falta, sempre sentirei, um grande amor não morre nunca mais, não é assim? mudei a camisa e botei água no vaso. tudo muito chato demais, meu deus. eles confundem tudo e se fodem, mas eu reli a carta e vi que não havia jeito de explicar a almir. era impossível falar "claro" e não havia jeito de você explicar ao médico que maluco é ele. o cara vai ficar eternamente convencido do contrário, até que funda a cuca e mergulhe e compreenda. desci na rua, indo para o jornal. parei na porta, chovendo uma chuva fina muito firme, não encontrei o dinheiro no bolso. havia uma combi estacionada do outro lado, com três homens que ficaram olhando para mim. pensei com meus botões e voltei atrás do dinheiro. aqui dentro eu vi que estava no bolso mesmo, junto com o sonrisal e o sal de fruta, no meio dos dois. desci com minha bolsa e olhei novamente os homens. pensei: o inimigo é o medo no poder, força. ainda fiquei pensando nisso um pouco, mas da esquina desliguei. eu queria pegar logo um táxi, mas precisava antes saber que horas eram aquelas. a chuva chatíssima enchia meu saco, eu pensava na noite de ontem e quando um táxi corcel azul parou, quase na esquina de conde de bonfim, eu disse: tenho de perguntar as horas. vinha um cidadão aleijado torto sifilítico e eu perguntei: 7h25 me deu uma vontade de chorar mas eu não posso é ficar com pena de mim e vim embora de volta. está ficando inteiramente insuportável eu não posso perder a cabeça.

    só se mata o inimigo. eu não devo ser o meu inimigo, podes crer. quando você me ouvir cantar, são coisas do passado, mas também sei chorar. não sei por que me canso tanto na manhã de hoje: nem sol está pintando, merda. que noite é esta? que fogo eu perco? eu quero viver sem grilos e ultimamente eu tenho visto muito pouca gente, porque a maioria não há quem aguente. me lembro: o poeta é a mãe das armas & das artes em geral. alô poetas, poesia do país do carnaval, aqui, agora. não dá pé de sair morrendo só assim. é entregação. tenho que dormir e levantar, todos os dias, um dia depois do outro, numa casa abandonada e tal. não estou aqui para me entregar. a morte não é vingança, não é a minha namorada nem nada, nem me ama. nem eu quero amor com ela, livrai-me deus. basta olhar o desfile dos mortos pela rua, não há nada mais vergonhoso do que a morte dos estúpidos. que dia é hoje? que hora é essa? e essa história? ∎

marcha à revisão

1 - SUGESTÃO

Quando eu a recito ou quando eu a escrevo, uma palavra – um mundo poluído – explode comigo & logo os estilhaços desse corpo arrebentado, retalhado em lascas de corte & fogo & morte (como napalm), espalham imprevisíveis significados ao redor de mim: informação. Informação: há palavras que estão no dicionário & outras que eu posso inverter, inventar. Todas elas juntas & à minha disposição, aparentemente limpas, estão imundas & transformam-se, tanto tempo, num amontoado de ciladas. Uma palavra é mais que uma palavra, além de uma cilada. Elas estão no mundo como está o mundo & portanto as palavras explodem, bombardeadas. Agora não se fala nada, um som é um gesto, cuidado. Vida toda Linguagem, cf. Mário Faustino que era daqui & um dos maiores & quem quiser consulte. No princípio era o Verbo, existimos a partir da Linguagem, saca? Linguagem em crise igual a cultura e/ou civilização em crise – e não reflexo da derrocada. O apocalipse, aqui, será apenas uma espécie de caos no interior tenebroso da semântica. Salve-se quem puder.
(& no entanto é preciso & até que já faz muito tempo & esse tempo todo não se conta com palavras iguais a números & o tempo passa & as palavras crescem bombardeadas de significados novos & diferentes & há o hospício da sintaxe como um receio & os dias passam & crescem mais garras & o câncer dos metais em brasa ao final da segunda fornada & eu sei que é muito difícil resistir mas é preciso & além de ser preciso é perigoso & é divino & maravilhoso).

2 - COLAGEM

A Escola Superior de Guerra ("Sorbonne", para os íntimos: a tradição culturalista em linha reta) aceita & emprega a realidade – a divisão do mundo em duas áreas opostas, antagônicas. de interesses conflitantes permanentemente em choque – e nos assegura a participação efetiva em uma dessas frentes de combate chamada (por causa dos pontos cardeais) de Ocidental. Mas eu estou lidando com palavras & digo que assim também se dá com elas quando as executamos: uma sintaxe de guerra fria contemporiza, adia a solução de um conflito que já existe desde a linha divisória do gramado (pastai, meninos!); contemporiza, adia, mas não exclui – e pelo contrário – a possibilidade de um confronto decisivo, final. Um mundo – uma palavra – é um conceito dividido. É preciso cuidado & não dá mais pé porque o bolo está podre & atomizado & depois da tempestade já não temos tempo de levantar a questão de uma nova Torre de Babel sintática: ela já explodiu sua possibilidade, seus alicerces, suas palavras. As palavras inutilizadas são armas mortas (a linguagem de ontem impõe a ordem de hoje). A imagem de um cogumelo atômico informa por inteiro seu próprio significado, suas ruínas: as palavras arrebentadas, os becos, as ciladas etc. etc. *ad infinitum*.

3 - P.S.

Quanto a mim é isso & aquilo: não estou nada tranquilo mas estou muito tranquilo & penseiro esperando o trem via Intelsat. Marco um compasso & passo a limpo: o escuro é límpido sob o sol do meio-dia. Fumando espero enquanto esse lobo não vem: escrevo, leio, rasgo, toco fogo & vou ao cinema. Informação? Cuidado, amigo. Cuidado contigo, comigo. Imprevisíveis significados. Partir para outra, partindo sempre. Uma palavra: Deus & o Diabo. ∎

1970: diário da internação

7/10

um recorte no meu bolso, escrito ontem cedo, ainda em casa: "quando uma pessoa se decide a morrer, decide, necessariamente, assumir a responsabilidade de ser cruel: menos consigo mesmo, é claro. é difícil, pra não ficar teorizando feito um idiota, explicar tudo. é chato, e isso é que é mais duro: ser nojento com as pessoas a quem se quer mais bem no mundo."

o recorte acaba aí. hoje, agora, estou fazendo tempo enquanto os remédios que tomei fazem efeito e vou dormir. este sanatório é diferente dos outros por onde andei – talvez seja o melhor de todos, o único que talvez possa me dar condições de não procurar mais o fim da minha vida. soube hoje que o rogério esteve aqui, antes. preciso muito conseguir explicar ao médio *tudo* o que é necessário. se eu não escapar desta vez – estou absolutamente certo de que jamais conseguirei outra. ainda hoje. no entanto, sentado aqui, escrevendo, paro e vejo bem lá dentro de mim, acesa, a luz que me guia para a destruição. não tenho vontade de viver, mas *quero*. não sei por que continuar, mas *quero*. alguém vai ter que me explicar alguma coisa e é por isso que vou ficar aqui, até que Deus dê bom tempo. não sei de nada. não quero viver, mas preciso. preciso aprender e talvez aprenda aqui, com os médicos daqui e em companhia dessa gente com quem aprenderei a conversar, conviver e aprender. ou talvez não seja nada disso. ou talvez eu nem sequer mereça nada e continue perdendo o tempo destinado ao tempo de além de mim, sem mim, nos braços do deus desconhecido, o que vai me receber em seus braços e me aquecer para sempre. ou talvez não, e eu precise desse tempo agora. sei que a estas alturas boa parte do meu cérebro já está definitivamente corroído pela bebida. minha memória não vale mais nada e uma simples notícia de jornal tem que ser lida duas, três vezes para que eu entenda alguma coisa. no entanto, mesmo assim, talvez eu precise realmente desse tempo e do que virá: nem que seja, pelo menos,

8/10

vim para a escola aprender a viver. isto aqui é uma escola. meu deus, eu preciso conseguir nesta escola os instrumentos que me preservarão e que me desviarão do encontro marcado que é necessário adiar. tenho passado a vida à procura de deus mas agora não o quero mais.

9/10

aqui dentro – e é óbvio – os piores dias são os sábados e os domingos. eu não sei *como* acreditar mais em tudo isso – hoje é sábado, amanhã é domingo, depois é segunda etc. aqui dentro é mais fácil. mas a volta ao lar, ao útero, o encontro com deus – esta pode ser a tentação do demônio. mas não é não. deus está solto e foi caetano quem gritou primeiro. posso reconhecê-lo em seus disfarces e vou ao seu encontro como – exatamente – sei que vou morrer.
lá fora, os piores dias são todos, principalmente quando me custam 24 horas de medo, de solidão e monólogos. por isso é difícil participar da contagem regressiva e esperar por domingo, segunda, terça etc.: a ilusão dos que não compreendem que o número zero é o princípio e o fim de tudo e que a vida é um processo linear que ao mesmo tempo em que vai, está voltando.

10/10

ontem à tarde comecei a escrever uma letra para macalé. no começo ia bem mas a segunda desbundou tanto que terminei me desculpando no final prestando com ela uma homenagem ao chico buarque. hoje é domingo. meu pai, minha mãe e ana devem vir à tarde. vamos ver o que querem. perdi o sono durante a noite – à 1 da matina – e depois disso só dormi muito mal.

não entendo como demorei tanto a compreender perfeitamente uma coisa tão simples: que eu faço da bebida exatamente o que o resto do pessoal faz com pico. eu sabia o que estava fazendo mas nunca havia olhado uma coisa à luz de outra. é engraçado: eu falo de pico como de um instrumento mortífero (reticências).

pela primeira vez estou sentindo de fato o que pode ser uma prisão. aqui, as portas que dão para as duas únicas saídas existentes estão permanentemente trancadas – e há uma pequena grade em cada uma delas, de onde se pode ver os corredores que dão para as outras galerias. depois delas, uma espécie de liberdade. não se fica trancado em celas aqui dentro: é permitido passear até rachar por um corredor de aproximadamente 100 metros por 2,5 de largura. somos 36 homens aqui dentro, 36 malucos, 36 marginais – de qualquer maneira esperamos a "cura" no sanatório como a sociedade espera que os bandidões das cadeias se "regenerem" etc. etc. aqui, o carcereiro é chamado de plantonista – e são aqueles homens de branco sobre os quais rogério se referiu um dia, há pouco tempo. aqui, nesta vida comunitária, a barra é pesada, como eu gosto. minha enfermaria tem doze camas ocupadas por doentes mentais de nível que poderiam muito bem ser classificado pelo Ibope como pertencentes às classes C, D, Z. estamos aí! em cana. o chato é a comida, que é péssima.

12/10

eu queria escrever sobre ana, mas ainda é cedo, eu não sei, não sei se posso e, finalmente, vejo que não quero. sobre a vinda de mamãe e papai até aqui, também não: falta qualquer novidade a esse respeito – a não ser que valha a pena anotar que reencontrar papai depois de três anos é como reencontrar um velho amigo que não via há três dias; e reencontrar mamãe depois de dois anos é como ser apresentado a alguém cujo nome, fama e aventuras eu já conhecia de sobra – e que, portanto, me pareceu estranha, distante, mítica. mais ou menos assim. mas prefiro escrever sobre este lugar e minha vida dentro dele. a melhor sensação é a de reconquistar inteiramente o anonimato no contato diário com meus pares de hospício. posso gritar: "meu nome é torquato neto etc. etc."; do outro lado uma voz sem dentes dirá: meu nome é vitalino; e outra: o meu é atagahy! aqui dentro só eu mesmo posso ter algum interesse: minhas aventuras, nem um pingo, meu nome podia ser josé da silva – e de preferência, mas somente no que se refere a mim. a eles, não interessa. o dr. Oswaldo não pode fugir, nem fingir: mas isso eu começarei a ver, de fato, logo mais quando teremos nossa primeira entrevista. o anonimato me assegura uma segurança incrível: já não preciso mais (pelo menos enquanto estiver aqui) liquidar meu nome e formar nova reputação como vinha fazendo sistematicamente como parte do processo autodestrutivo em que embarquei – e do qual, certamente, jamais me safarei por completo. mas sobre isso, prefiro dar mais tempo ao tempo: eu sou obrigado a acreditar no meu destino. (isso é outra conversa que só rogério entenderia). tem um livro chamado: o hospício é deus. eu queria ler esse livro. foi escrito, penso, neste mesmo sanatório. vou pedir a alguém para me conseguir esse livro.

13/10

eu: pronome pessoal e intransferível. viver: verbo transitório e transitivo, transável, conforme for. a prisão é um refúgio: é perigoso acostumar-se a ela. e o dr. Oswaldo? Não exclui a responsabilidade de optar, ou seja:?

14/10

onde, em mim, a morte de jimi hendrix repercutiu com mais violência? há mais de um ano, em londres, eu havia dito com absoluta certeza: ele vai morrer. onde, em jimi hendrix, eu vi o espectro da morte? eu havia estado com ele, carlo e noel – mais uns três sujeitos naquele enorme apartamento de Kensington e quase não falamos nada durante todo o tempo em que fumamos haxixe e escutamos aquele álbum branco dos Beatles e mais alguns discos que não me lembro – nem poderia lembrar. por que é que eu não sei, mesmo agora, escrever qualquer coisa a mais sobre hendrix, a não ser que, naquele dia, conferi a perfeita extensão de sua música em sua cara – obedecendo à ordem com que as duas coisas me foram apresentadas? eu sei que não posso escrever jamais qualquer coisa sobre esse encontro, sobre a tremenda curtição daquela noite etc. etc. etc. agora que o homem está morto, menos ainda. Eu não ousaria – como não ouso sequer contar esse fato aos poucos amigos que ainda tenho.

Interessa agora saber o seguinte: por que, diante do impacto que conhecimento pessoal, social com o homem produziu sobre mim, ao ponto de não conseguir, depois, pelo menos "recordar" o tempo aproximado que estivemos, eu e carlo, naquele apartamento – por que – sabendo já de antemão sobre jimi hendrix, – por que ainda me surpreendi e me abalei com a notícia de sua morte, no dia dela? ou seja, voltando ao início: onde, em mim, notícia de sua morte conseguiu repercutir *ainda* com violência, me pegando de "surpresa"? a gente sabe que toda morte nos comunica uma certa sensação de *alívio,* de descanso. não existe, pra mim, a menor "diferença" entre o hendrix que eu ouvia antes e o que eu posso ouvir depois, agora, de sua morte. ele sempre foi claro demais, limpo, preto. eu disse: o homem vai morrer, e não demora mais dois anos. beneto e ana ouviram, em londres.

Eu ouvia os discos, sabia o homem – e, por cima, ainda o conheci pessoalmente e juntos, numa noite gelada de londres, curtimos o barato de queimar haxixe e escutar os beatles, com carlo, noel e mais uns três caras que estavam lá, crioulos. torno a perguntar: onde? onde, em mim? jimi era "o homem que vai morrer", mas não havia datas em sua vida. por que, então, uma *data* de jornal ainda me espanta e fere? eu não sei. (não posso, nem quero explicar por que eu, e muita gente mais, sabia de tudo desde muito tempo. posso com simplicidade, dizer apenas que eu sabia ler a sua música).

20/10

É preciso não beber mais. Não é preciso sentir vontade de beber e não beber: é preciso não sentir vontade de beber. É preciso não dar de comer aos urubus. É preciso fechar para balanço e reabrir. É preciso não dar de comer aos urubus. Nem esperanças aos urubus. É preciso sacudir a poeira. É preciso poder beber sem se oferecer em holocausto. É preciso. É preciso não morrer por enquanto. É preciso sobreviver para verificar. Não pensar mais, na solidão de Rogério, e deixa-lo. É preciso não dar de comer aos urubus. É preciso enquanto é tempo não morrer na via pública.

12/11

anoto que saí hoje do hospital, todo esse tempo depois. é tudo como é: aqui estar, de volta como sempre, mais uma vez. não sei direito, hoje, o que pode *surgir* disso tudo. sei o que isso *significa* e quanto pesa a mais para a adição (paralela à contagem regressiva?) do chamado acúmulo de experiências. acontece que não se vive intensamente sem punição; não se experimenta o perigo sem algo mais do que o simples risco, nem se morre por isso de repente. não estou, portanto, em condições de explicar nada. por isso, certamente, todo esse tempo sem anotar nada. é preciso descobrir *por que* tudo. organizar então e deslocar a minha experiência, as minhas experiências, numa direção xis, *para*. como todo dia é dia D, e disso estou certo, concluo com este "cinismo" lógico: daqui pra frente, podem crer, posso crer, tudo vai ser diferente. torquato rides again! upa, upa!

13/11

a literatura, o labirinto perquiridor da linguagem escrita, o contratempo, a literatura é a irmã siamesa do indivíduo. a idade das massas, evidentemente, não comporta mais a literatura como uma coisa viva e por isso em nossos dias ela estrebucha e vai morrer. a literatura tem a ver com a moral individual e a moral individual não interessa – não existe mais. nossa época exige a descrição de painéis e o close-up tende a não interessar nem como psicologia. não precisaremos de retornar ao teatro de máscaras porque, se queira ou não se queira, a massa onde praticamente nos perdemos já é a máscara, já nos abriga e revela, é a supramáscara. planos gerais. painéis. o homem moderno não existe como indivíduo, mas como tipo – e esses tipos não são tantos quanto todos nós. são relativamente poucos. somente me interesso pelo *tipo* e cada *tipo, classe,* nas diversas sociedades massificadas, obedece a comportamentos mais ou menos nos standards. interesso-me por compreendê-los (estudá-los) e abandoná-los. *meu problema,* inclusive o de cama, inclusive o de mesa, inclusive o de relacionamento, *é o problema do meu tipo x perdido na massa que o plano geral não estilhaça, por literário, em todos os seus* (milhares, bilhares) *de "exemplos"*: células que não têm mais vida se isoladas na psicologia do indivíduo. O cenário é o único personagem vivo. O cinema urbano tem que ser *do-eu-meu-tal*, atualizado como as atualidades, uma primeira página de jornal, painel, afresco.

21/11/1970
até hoje eu não pude pensar direito sobre jesus. não sei direito onde ele está, em mim. não sei, por causa disto, onde estou (em mim) entre as massas com relação ao grande líder.
só hoje começou a me esclarecer bastante o fato recentemente percebido de que jesus tenha sido o primeiro líder subversivo do ocidente – o primeiro, no duro, que primeiro provocou uma grande cisão do sionismo.

9/12
tudo continua. continua parado no centro de minhas especulações, e não sei dizer se já consegui me desfazer de qualquer uma delas. estou morrendo. mais uma vez eu morro soterrado em minhas perplexidades – não sei para o *quê* estou – e deixo andar. é preciso que eu adquira condições que me permitam sobreviver. o que é sobreviver? tenho conseguido sobreviver até aqui, mas... o que vivo, o que consigo escrever, o que posso ir sendo são meus bens. não disponho de outros. o que não sou me mata: assim, assado, sempre: tudo continua como sempre, o mesmo esquema *para* o fim, a mesma vida de cocô melado, a mesma merda. só deus pode me salvar, mas eu não conheço deus nem sei onde procurá-lo. disse que estou morrendo – uma vez mais – vivo só pra isso.

pode ser. eu tenho que "assumir" isto que eu vejo. a *minha* frente. eu não posso mais. a literatura se enterra comigo. eu estou aqui no brasil. alô. câmbio?

estou inteiramente sozinho. ninguém pensa por mim. o general ninguém pensa por mim. eu não valho nada. não sei onde reencontrar minha coragem. é um longo discurso. é uma loucura. eu pensei que podia driblar tudo e ir fazer cinema. uns filmes, lixo.

eu tenho que assumir a minha miséria pequeno burguesa porque eu só posso fazer um filme se ele for a favor ou contra essa miséria. e eu não posso ser e não ser como querem os analistas. eu tenho que destruir em mim essa miséria louca.

3/4/1971
bastam-me os compromissos que já sou obrigado a ter. Não venham com invenções bestas, se eu quiser botar um disco acompanhando o filme de superoito eu boto. não tem nada disso de não é assim. barato legal é o livro de trotsky, "nossa moral e a deles", grandes sacadas, supersarro. além do mais macalé foi ontem pra londres e ainda tenho de procurar outra pessoa pra fazer e cantar as músicas populares brasileiras que estou com vontade de fazer agora. hoje mesmo vou ter de encontrar uns e outros pra trabalhar e trabalhar com menescal, por exemplo, é melhor do que sentar no jornal e ficar escrevendo a prazo fixo. I hate it.

4/4/1971
Debaixo da tempestade
sou feiticeiro de nascença
atrás dessa reticência
tenho o meu corpo cruzado
a morte não é vingança

7/4/1971
— Foi um caminhão que passou. bateu na minha cabeça. aqui. isso aqui é péssimo, não me lembro de nada.
— Eles não deixam ninguém ficar em paz aqui dentro. são bestas. Não deixam a gente cortar a carne com faca mas dão gilete pra se fazer a barba.
— Pode me dar um cigarro? eu só tenho um maço, eu tenho que pedir porque senão acaba. pode me dar as vinte.

16/7/1971

cidades como séculos – um século atrás do outro. na frente do outro. o tempo se ultrapassa no espaço do tempo. agora é nunca mais, e nunca antes. agora é jamais – um século atrás do outro. na frente do outro. ao lado. um dia é paralelo ao outro. isso tudo é um esquema muito chato enquanto a coisa anda: isso é que é legal, do mesmo jeito que é legal saber que isso tudo pulsa, de alguma maneira, no ponto misterioso do desenho. princípio, fim. total e único. geral. cidades. ninguém pode mais do que deus! ∎

carta a almir muniz

Almir,
rasgue em seguida, please, no documents. não estou encontrando outro jeito de falar normalmente com você. há muito confete no ar. na verdade mesmo eu só quero é que você me compreenda e pronto, sem precisar tomar qualquer "providência". escute: não está na hora de transar derrotas. eu digo na porra da geleia: ocupar espaço, amigo. estou sabendo, como você, que não está podendo haver jornalismo no brasil e que – já que não deixam – o jeito é tentar, não tem outro que não seja desistir. e eu sinceramente acredito que não está na hora de desistir: ou a gente ocupa e mantém a porra do espaço, pra utilizá-lo, pra transar, ou a gente desiste. eu prefiro o "sacrifício". esse ari de carvalho é um homem perigoso, mas você não me diga que – seja o que for – não há bastante malandragem na jogada. por enquanto, esse imbecil está *deixando* (explico já) a gente utilizar um espaço que está sendo cogitadíssimo: não é jogo de inimigo, é porque não está pintando outra: eu ou você podíamos muito bem optar (desculpe) pelo copidesque do *globo*, que é simples, bem pago e tal, cômodo e cretino, do ponto de vista mesmo profissional. afasto de mim esse cálice: o ari de carvalho, eu não faço a mínima ideia *por que*, está garantindo não o empreguinho da gente, que é uma merda, mas isso que eu não me chamo espaço e não quero que me ocupem. eu digo: brechas: é por elas, amigo: essa bosta da última hora é uma brecha que está pintando: eu não tenho que agradecer a nada nem muito menos de derrubar a permissividade: eu só quero é o poder, sabe? política: a última hora tem que avisar solenemente ou não à empresa que pensar que nós faríamos o correio, caso fechasse, seria o cúmulo do desrespeito: essas palavras funcionam por lá, amigo: confundir a porra do inimigo: eu acho, sinceramente, que a última hora não deve parar numa hora dessas: entregação: dar de presente para a agência nacional, por exemplinho? eu quero manter esse estado crescente, porque eu acredito firme que sem malandragem não há salvação: isso é perigoso de dizer, mas assim mesmo eu corro o risco porque você é você: abaixo esse bomgostinho da gente. abaixo

concordar com esse palavreado. devemos resistir, na marra e quebrando a cara: você pensa que eu faço aqueles títulos do joão ribeiro de brincadeira; não é: é a sério mesmo. cordel. notícias: gb é dor e neurose de pavor. o que é isso, perguntam os órgãos de informação/inteligência/polícia. responde a redação: greve! pode? tudo tem um tempo e tudo também é bom. se a *última hora* parar, eu paro idem. eu não quero parar porque eu acredito no duro que "cada louco é um exército" (gomide 57 anos na contracapa da última *flor do mal*). o *pasquim* parou com a *flor do mal*: sinta o drama. não se pode falar aquelas palavras antigas, tem que inventar outras. eu sou um homem radical, ou eu morro ou eu vivo. ou eu morto ou eu transando: disso depende tudo meu. não é óbvio? pois eu não quero influenciar nenhuma resolução sua, com respeito à "QUESTÃO", mas queria muito que você compreendesse a minha posição contrária à sua: transe o que você quiser, mas compreenda: eu te amo: vamos segurar esse espaço e utilizá-lo: a ironia não tem limites e as notícias podem correr por aí: rasgue isso depois, amigo: a questão é só uma: sim. o não é o próprio diabo. sim, amigo, sim. expliquemos pois: SIM = Deus. o amor é igualzinho ao ódio: métodos, guerrilhas; entregação? NÃO. a última *hora* para e eles tomam conta: eu caguei pro meu empreguinho, isso é sempre possível, aparece, mas está na cara que nenhum outro jornal do brasil, entre rio e sp, diário, barra-pesada, deixa (sei lá por que) que eu escreva aquela geleia maluca brasileira. joão ribeiro é um pulha e eu estou cansado de saber. eu não fecho com ele, mas eu fecho (no possível) o meu espaço: infinito enquanto duro. quantidade: você edita quatro páginas. aproveite isso; assunto quente; e transe: dá para descobrir as brechas. eu só não quero sair daqui é fugindo. eu não-tenho-medo-deles. eu ando por debaixo da avenida, muito antes do metrô. funda ironia, a que fere, transar, meu amigo. a *última hora* declara que nem por hipótese transará a possibilidade de fazer o correio em caso de pintar essa: a *última hora* explica ainda: a política de cópias é insustentável: a *última hora* garante à empresa: isso é corrupção. transem essa palavra com essa empresa e vocês vão ver que tremenda cabala: compreende almir? ABAIXO ESSA DEMOCRACIA! A luta democrática é apenas uma etapa, da propriedade de tenório cavalcanti, a gente conhece. que história é essa? entregar? Sim: utilizar a porra do veículo e curtir uma. abaixo esse profissionalismo tipo ABI. vamos fechar assim, assegurando. qual é essa de "bom gosto"? que gosto é esse? você está sabendo de tudo o que está acontecendo nos altos escalões: isso, de repente e como sempre, aqui e agora, pinta que só vão cair na cabeça de gente como a gente. daí eu tentar esclarecer: não é o "deixa estar pra ver como é que fica", mas o "sai de baixo que aí vem paraquedista". ou será que eu não odeio tanto a ditadura da classe média que não queira transar com a moral dela? falei *muito* disso: teorema de godard, sem pasolini, é bicha e otária. pensadora. academicista e meio sobre o quinta coluna. em sociedade tudo se sabe e eu estou é muito louco, viva deus, amigo. compreenda: não está na hora de transar derrotas. é pelo outro lado: nós lidamos com a indústria da inflação: vamos envená-la, amigo: do lado de dentro, morrendo: olhe, porque uma vez eu saí pra passear as pessoas não me chamaram de volta nem fizeram a menor questão de obscurecer a transa: foi na base da família brasileira: disseram: é covarde: eu passei três meses no hospício, logo em seguida. acusação – alcoolismo. e tomei injeção pra caralho. eu não fecho, almir, com essa linguagem. eu lhe garanto eu na geleia geral brasileira, aqui e agora, o demônio está vencendo, mas eu não posso é desistir. escrevi lá: abaixo a geleia geral. três vezes, as pessoas pensaram que era a coluna. tradução: não sabem onde é que vivem e a alienação grassa. como os jornais são péssimos eu não leio os jornais – claro, você quer entregar essa possibilidade para os caras e por questões emocionais. não pode, almir: não vamos *prestigiar* ari de carvalho, mas vamos *ludibriar* ari de carvalho. ou é assim ou não acredita nas transas. pintemos onde? onde pudermos. pintemos nos jornais, por exemplo: só se publica o que é possível, mas se redige como quer. não vamos desistir: entregar é agora ali dentro e naquele papo, transar derrotas satisfeitas. isso não é possível, aqui, agora. a morte só é vingança quando é a morte do inimigo, a minha não. quer dizer: eu não sei como é que se explica e sou contra explicações convincentes. vamos deixar o barato das emoções e vamos roer essa parede. esse papo é pra informar que serei até democrático, porque tenho medo das línguas do brasil, mas sou totalmente contra parar o outro jornal, o nosso. como é o nome disso? ■

As canções
(em ordem alfabética)

Ai de mim, Copacabana – 1967. Compositor e intérprete: Caetano Veloso.

A rua – 1966. Compositor e intérprete: Gilberto Gil.

Coisa mais linda que existe – 1968. Compositor e intérprete: Gilberto Gil.

Deus vos salve a casa santa – 1968. Compositor: Caetano Veloso. Intérprete: Nara Leão.

Domingou – 1967. Compositor e intérprete: Gilberto Gil.

Geleia geral – 1968. Compositor e intérprete: Gilberto Gil.

Let´s play that – 1972. Compositor e intérprete: Jards Macalé.

Jardim da noite – 1972. Compositor: Carlos Galvão (canção inédita).

Lua nova – 1966. Compositor e intérprete: Edu Lobo.

Louvação – 1966. Compositor: Gilberto Gil. Intérpretes: Elis Regina e Jair Rodrigues em 1966, Gilberto Gil em 1967.

Mamãe, coragem – 1967. Compositor: Caetano Veloso. Intérprete: Gal Costa.

Marginália II – 1967. Compositor e intérprete: Gilberto Gil.

Pra dizer adeus – 1966. Compositor: Edu Lobo. Intérpretes: Elis Regina e Edu Lobo/Maria Bethânia.

Todo dia é dia D – 1971. Compositor: Carlos Pinto. Intérprete: Gilberto Gil.

Três da madrugada – 1971. Compositor: Carlos Pinto. Intérprete: Gal Costa.

Zabelê – 1966. Compositor: Gilberto Gil. Intérpretes: Caetano Veloso e Gal Costa.

Canções póstumas

Andarandei – 2004. Compositor: Renato Piau.

Daqui pra lá, de lá pra cá – 2001. Compositor: Sergio Brito. Intérprete: Titãs. – 2003. Compositores e intérpretes: Fagner e Zeca Baleiro.

Go back – 1988. Compositor: Sergio Brito. Intérprete: Titãs.

Os filmes

A Múmia Volta a Atacar – 1972 [curta inacabado]
Direção: Ivan Cardoso
Elenco: Zé Português, Torquato Neto, Neville d´Almeida, Jorge Salomão, Óscar Ramos

Adão e Eva no Paraíso do Consumo – 1972
Direção: Carlos Galvão
Elenco: Torquato Neto e Claudete Dias

Helô e Dirce – 1971
Direção: Luiz Otávio Pimentel
Elenco: Torquato Neto e Zé Português

Moleques de rua – 1961
Diretor: Alvinho Guimarães
Elenco: Torquato Neto, Duda Machado
(Trilha sonora de Caetano Veloso)

Nosferato no Brasil – 1970
Direção: Ivan Cardoso
Elenco: Torquato Neto, Scarlet Moon, Daniel Más, Helena Lustosa, Cristiny Nazareth, Zé Português, Ciça Afonso Pena, Ricardo Horta, Marcelino, Ana Araújo, Martha Flaksman, Pety Marciano, Sidiny Gracia.

Terror da vermelha ou Faroesteiro da cidade verde – 1972
Direção: Torquato Neto
Elenco: Edmar Oliveira, Conceição Galvão, Geraldo Cabeludo, Claudete Dias, Torquato Neto, Etim, Durvalino Couto, Paulo José Cunha, Herondina, Edmilson, Carlos Galvão, Xico Ferreira, Arnaldo, Albuquerque, Heli e Saló

Copyright © 2017 Herdeiro de Torquato Neto
Copyright © 2017 Autêntica Editora

As imagens utilizadas neste livro foram gentilmente cedidas pelo
Acervo Artístico Torquato Neto, Teresina, Piauí.

Todos os direitos reservados pela Autêntica Editora. Nenhuma parte desta publicação
poderá ser reproduzida, seja por meios mecânicos, eletrônicos, seja via cópia xerográfica,
sem a autorização prévia da Editora.

EDITORA RESPONSÁVEL
Maria Amélia Mello

EDITORA ASSISTENTE
Cecília Martins

ASSISTENTE EDITORIAL
Rafaela Lamas

REVISÃO
Lívia Martins

FOTOGRAFIAS E MANUSCRITOS
Acervo Artístico Torquato Neto

PROJETO GRÁFICO E CAPA
Diogo Droschi

DIAGRAMAÇÃO
Guilherme Fagundes

Dados Internacionais de Catalogação na Publicação (CIP)
(Câmara Brasileira do Livro, SP, Brasil)

Torquato Neto, 1944-1972
    Torquato Neto : essencial / organização Italo Moriconi. – 1. ed. ;
1. reimp. – Belo Horizonte : Autêntica Editora, 2024.

    ISBN 978-85-513-0296-5

    1. Literatura brasileira - Miscelânea 2. Poesia brasileira 3. Torquato
Neto, 1944-1972 I. Moriconi, Italo. II. Título.

17-09187   CDD-869.8

Índices para catálogo sistemático:
1. Torquato Neto : Poesias e escritos diversos :
Literatura brasileira 869.8

Belo Horizonte
Rua Carlos Turner, 420
Silveira . 31140-520
Belo Horizonte . MG
Tel.: (55 31) 3465 4500

São Paulo
Av. Paulista, 2.073, Conjunto Nacional
Horsa I . Salas 404-406 . Bela Vista
01311-940 . São Paulo . SP
Tel.: (55 11) 3034 4468

www.grupoautentica.com.br
SAC: atendimentoleitor@grupoautentica.com.br

aqui é péssim[o]
nada.
— Eles não deix[am]
em paz aqu[i es]
tas. Não de[ixam]
a carne em[paz]
gilete pra s[e]
— Pode me da[r]
só tinho 🖤
nho que pedi[r]
ba. Pode m[e]